Marx & Sons

Actuel Marx Confrontation

Sous la direction de
Jacques BIDET
Gérard DUMÉNIL
Jacques TEXIER

ACTUEL MARX CONFRONTATION

# *Marx & Sons*

JACQUES DERRIDA

PRESSES UNIVERSITAIRES DE FRANCE
GALILÉE

Édition assurée par Sébastien Mordrel

ISBN 2 13 053186 5

ISSN 1158-5900

Dépôt légal — 1re édition : 2002, novembre

# Introduction

Thierry Briault

*Marx & Sons* constitue la principale contribution de Jacques Derrida au débat suscité par son livre, *Spectres de Marx*, publié en 1993.

L'ouvrage collectif anglais dirigé par Michael Sprinker, *Ghostly Demarcations*, paru en 1999*, dans lequel fut publié le texte dont nous donnons ici l'original français inédit, comprenait une dizaine d'exposés, dus à des lecteurs en majorité marxistes de *Spectres de Marx*, précédant la réponse de Derrida aux questions, objections et malentendus suscités par son livre. Pour inscrire dans leur contexte certains des développements de Derrida, il nous a fallu, ici ou là, reconstituer en note l'argumentation de chacun de ses interlocuteurs. Ces résumés pourront aider le lecteur à se faire une idée des termes et des enjeux de la discussion.

À quelques nuances près, les interlocuteurs de Derrida s'accordent pour saluer l'apport positif que représente l'introduction de la notion de « spectralité ». Leurs observations critiques et demandes d'éclaircissements se laisseraient quant à elles ranger, non sans quelque artifice, dans un classement comprenant trois rubriques. Il s'agirait, premièrement, de la défense du matérialisme jugé « dématérialisé » par la déconstruction (Pierre Macherey), ou appelant la mise en œuvre d'une ontologie « post-déconstructive » (Toni Negri).

* *Ghostly Demarcations, A Symposium on Jacques Derrida's* Specters of Marx, edited by Michael Sprinker, Verso, London, 1999. Nous invitons le lecteur intéressé à se reporter à l'ouvrage anglais.

Se fait jour, en second lieu, l'exigence d'une repolitisation de l'exégèse de Marx, non sans lien au demeurant avec certaines des inflexions les plus marquantes du livre de Derrida. Enfin, la discussion se focalise notamment sur le rapport jugé ambigu qui lie les différentes figures du « spectre » : soit, pour parler vite, la bonne et la mauvaise, la valeur d'échange spectrale et le messianique spectral (dont Werner Hamacher, pour sa part, voudrait voir reconnue la contiguïté). Entrent ici en compte, au premier chef, la « restance » irréductible d'une substance légitime, comme la valeur d'usage chez Marx ; le fantomal obsédant en tant qu'il figure aussi le ressentiment légitime de la classe des dominés réduits à une existence spectrale (Fredric Jameson) ; mais aussi, la puissance de la coopération au sein du procès de travail, productrice d'une subjectivité non-spectrale (Negri) ; ou enfin l'évaluation de la pertinence politique d'une « Nouvelle Internationale », apparemment dépourvue de substrat communautaire ou organisationnel (Aijaz Ahmad, Terry Eagleton, Tom Lewis).

Le propos de Derrida s'organise autour d'une demi-douzaine de thèmes directeurs, dont l'élaboration plus ou moins détaillée est aussi l'occasion de répondre aux questions adressées par chacun des auteurs de l'ouvrage :

1. le messianique sans Messie ou la messianicité sans messianisme : pourquoi garder le mot et la référence bibliques pour penser l'ouverture à la possibilité pure de l'événement révolutionnaire ?

2. la fidélité ou non à l'héritage ou à la promesse de l'« ontologie », dont Negri soutient qu'on n'a pas épuisé toutes les ressources ;

3. le tour « esthétique » ou « littéraire » parfois reproché ou simplement attribué au style, voire à la posture philosophique de Derrida ;

4. le « perverformatif » ou l'impureté originaire des performatifs, à laquelle il ne serait pas sans risque de prétendre se soustraire (comme Marx cherchant à conjurer les spectres) ;

5. le soupçon de dépolitisation que peut s'attirer un discours qui ne reconduit pas sans questions les notions, tradi-

tionnelles dans l'univers militant, de classe, d'organisation, de parti. À ceux qui craindraient d'y voir un marxisme sans marxisme (Eagleton), voire une anti-politique, Derrida précise ses réticences à l'égard du présupposé de l'identité à soi, que peut emporter avec elle la notion de classe. En outre, il invite à s'interroger plus radicalement sur les noms de « politique », de « philosophie (du) politique », et donc à nouveau sur le statut de la philosophie comme ontologie, encore et en particulier chez « Marx » : ne pourrait-on rejouer le politique en se risquant à un « oui » affirmatif révolutionnaire et déconstructif, antérieur même à la « question de la question » ?

6. la prétendue « réconciliation » tardive de la déconstruction avec le marxisme (Ahmad) : Derrida rappelle qu'il n'avait pas besoin de se réconcilier avec le marxisme puisqu'il ne lui a en effet jamais témoigné d'hostilité. *Spectres de Marx* ne marquerait pas une rupture dans l'itinéraire intellectuel de Derrida, mais la poursuite du déploiement de la déconstruction, entendue cette fois comme une certaine radicalisation du marxisme, ou comme l'attestation d'une fidélité à un certain esprit de Marx.

Mes remerciements à Jacques Derrida, à Jacques Bidet, aux collaborateurs de la revue *Philosophie, philosophie* de l'Université de Paris VIII et à Philippe Ducat pour leur aide précieuse et leurs conseils avisés.

Je dois l'avouer sans retard : ces réflexions ne seront pas seulement inadéquates. On pouvait s'y attendre. On leur reconnaîtra aussi vite cette forme d'inadéquation qu'on appelle l'anachronie. Les réponses attendues resteront à la fois, une fois de plus, prématurées et tardives.

Prématurées : elles auront souvent, hélas, la forme inachevée, la rhétorique aussi, d'un avant-propos expérimental. Ceci restera la préface embarrassée à une « réponse » que j'aimerais ajuster, un jour lointain, à l'impressionnante et généreuse provocation des textes qui me précèdent dans ce volume. Ils continueront désormais, pour la plupart d'entre eux, et chacun de façon différente, de m'accompagner. Ils soutiendront ma réflexion, c'est-à-dire aussi mes engagements et mes évaluations politiques.

En *même* temps, si on ose parler d'un *même* temps, on pourra aussi m'accuser d'un retard injustifiable, et de céder à une autre fiction rhétorique, à un autre genre littéraire : la postface ou le post-scriptum – non pas à *Spectres de Marx*, mais plutôt à la « réponse » que j'ai trop longtemps, mais en vain, préparée. Et trop longtemps projetée aussi, dès avant *Spectres de Marx*. Car ce livre voulait être à sa manière, déjà, je me permets de le rappeler, une sorte de « réponse », seulement une réponse : à une invitation immédiate autant qu'à une injonction urgente, mais aussi à une très ancienne demande. Il est vrai que le « oui » d'une responsabilité, tout originaire qu'il peut être, reste une réponse. Il résonne toujours comme la réponse à une injonction spectrale : l'ordre vient alors d'un lieu qu'on ne peut identifier ni comme un *présent vivant* ni comme la pure et simple *absence d'un mort*.

Autant dire que la responsabilité de cette réponse a déjà quitté le sol de cette *philosophie comme ontologie*, ou de cette ontologie comme discours sur l'effectivité de *l'être-*

*présent (on)* dont nous allons devoir beaucoup reparler. Car tous les débats ouverts dans ce livre se croisent, à un moment ou à un autre, on l'aura déjà vérifié, autour de cette question de forme apparemment abstraite et spéculative mais qui reste, comme on disait il y a quelques décennies, en France, « incontournable » ou encore au « poste de commandement ». La question serait la suivante : quoi, dans l'héritage de Marx, de la *philosophie* comme *ontologie* ? Ce qui nous est venu ou nous viendra encore de Marx, est-ce une *philosophie politique* ? *Et une philosophie politique comme ontologie* ? Et que devrions nous faire de cette question apparemment abstraite ? Est-elle légitime ? Est-elle urgente ? Pourquoi tout semble-t-il reconduire à elle à travers les textes qu'on vient de lire dans ce volume comme à travers les champs problématiques qu'on appelle par exemple la « politique », « le politique », l'« idéologie », l'à-venir comme « révolution » « messianique » ou comme « utopie », le « parti » ou les « classes », etc. ?

Que mes réponses soient tardives ou prématurées, je ne serai donc pas arrivé, en tout cas, à en ajuster le temps. On aurait donc raison de le dire, j'aurais pu prévoir cet échec. Et j'aurais pu voir venir cette anachronie. Une certaine intempestivité, n'était-ce pas, d'ailleurs, à la fois la temporalité et le thème de *Spectres de Marx* ? Oui, sans doute ai-je obscurément prévu ce qui arrive là. Sans doute l'aurai-je jugé dès le début inévitable. Mais je n'ai pas osé me dérober, préférant *courir*, comme on dit en français, *à l'échec*. J'ai préféré assumer une déroute plutôt que de disparaître au moment de remercier les auteurs de ce livre. Car c'est avant tout ce que je veux faire ici. J'ai préféré paraître désarmé devant eux, et leur « parler » ainsi au moment où ils me font l'honneur de s'adresser à moi, fût-ce de façon critique, et même si ce que je m'apprête à leur dire, de façon non seulement insuffisante mais oblique et parfois impersonnelle, doit encore décevoir – parfois même irriter davantage ceux qui croient déjà devoir s'irriter.

Bref, c'est maintenant assez clair : je ne suis pas arrivé à « répondre » *ici*, je n'y parviendrai pas et peut-être n'y a-t-il pas *ici* lieu de le faire. Pour plusieurs raisons, que je voudrais maintenant détailler un peu.

D'abord, c'eût été trop difficile. Il eût été présomptueux, venant le dernier, en position à la fois panoramique et centrale, de prétendre au dernier mot sous la forme d'une réplique précise appropriée à chacun – et à chacun de ces textes. Cette scène eût été injouable. Cela tombe bien car je ne l'aime pas. Aux lecteurs de se faire un jugement, aux lecteurs de *Spectres de Marx* et maintenant de ce livre-ci comme de toutes les discussions qu'il engage. Beaucoup de *travail* en perspective, et c'est la première chose dont je me réjouis avec gratitude. Car, à mes yeux, chacun à sa manière et presque sans exception, ces textes sont de bout en bout des textes de *travail*. Ils appellent donc autre chose qu'une « réplique ». Un autre travail, si modeste et insuffisant soit-il, devrait venir à leur rencontre. Pour les croiser, plutôt que pour leur apporter une réponse. Que ces textes soient presque tous des chantiers originaux, personne ne peut, selon moi, en douter après la lecture. Presque tous et presque de bout en bout, ils sont remarquables par le souci de lire plutôt que de tourner la page. Ils cherchent, presque tous, à analyser, à comprendre, à argumenter – à éclairer plutôt qu'à obscurcir. Ils cherchent, presque tous, à discuter plutôt qu'à injurier (comme on le fait si souvent aujourd'hui pour éviter de se poser des questions douloureuses), à objecter plutôt qu'à dénigrer ou, peureusement, à blesser.

Mais on l'aura aussi remarqué, chacun le fait, chaque fois, à partir d'une axiomatique, d'une perspective, d'une stratégie discursive différente. Je dirais même, en surenchérissant, d'une *philosophie* politique et d'une *politique* différentes. Je souligne ces deux mots pour insister sur ce que j'appelais à l'instant le lieu de croisement le plus intense, le lieu de passage le plus commun pour toutes les questions ici re-posées : comment entendre et *penser* désormais les mots « philosophie » et « politique » ? Et d'abord la *pensée* de Marx, celle dont nous héritons (ou dont, par une hypothèse peut-être audacieuse mais apparemment commune, nous *voudrions* ou *devrions* hériter, comme si nous étions les « fils de Marx ») ?

Cette pensée de Marx *est*-elle, pour *l'essentiel*, une philosophie ? Cette philosophie *est*-elle, pour *l'essentiel*, une métaphysique *comme* ontologie [1] ? Tient-elle en réserve une ontologie plus ou moins lisible ? Doit-elle le faire ? Quel sort devons-nous, nous-mêmes, aujourd'hui, par un acte d'interprétation active (donc aussi politique) faire à cet *« essentiel »* ? Est-ce là une donnée ou une promesse à faire venir ? à déplacer ? à relancer ou ré-interpréter autrement, parfois jusqu'à abandonner cette valeur même d'*essentialité* qui risque d'avoir trop partie liée avec une certaine ontologie ? Il faudrait consacrer de nombreux et volumineux ouvrages à cette seule ruche de questions (« quoi, en somme de la philosophie chez Marx ou depuis Marx ? »). L'accord à ce sujet serait difficile entre *tous* les collaborateurs de cet ouvrage, car personne ne me semble s'entendre avec personne *à ce sujet* dans ce volume. Par exemple, parmi les essais les plus saisissants de cet ouvrage, où serait l'accord entre Negri qui voudrait tenir la pensée de Marx pour la chance d'une nouvelle ontologie, et Jameson qui semble au contraire, dans un geste sur lequel je reviendrai aussi, tenir pour acquis et heureux le fait que « *Marxism has never been a philosophy as such* » ? J'essaierai de montrer pourquoi je ne suis prêt à souscrire à aucune de ces deux conclusions. Il faudrait encore un autre, au moins un, de ces nombreux ouvrages, pour clarifier le débat ouvert par les dernières lignes du sous-chapitre de Jameson intitulé « *The Narrative of Theory* » (sur cette chose – inévitable, insurmontable, indépassable – qu'Althusser appela « idéologie », que « Heidegger et Derrida », selon Jameson, auraient appelée « métaphysique » dans des discours dont certains « motifs » auraient été « réifiés » en « *theory* »). J'en dirais de même pour le concept du politique, puis de philosophie politique et surtout, entre « philosophie et

1. Bien que cette question (apparemment abstraite et spéculative) de l'ontologie de Marx ne soit abordée, sous ce nom, que par certains des textes recueillis dans ce volume (surtout ceux de Hamacher, Jameson et Negri), je crois qu'elle les traverse tous à un moment décisif. C'était aussi, s'il m'est permis de le rappeler, une question dont tout semblait dépendre, dans *Spectres de Marx*.

politique », pour le concept sans doute le plus difficile à situer à travers tous les textes, celui d'idéologie.

Mais il y a plus encore, il y a autre chose que cette différence entre des philosophies et des philosophies politiques. En poussant la surenchère encore un peu plus loin, ce qui rend les choses plus intéressantes mais d'autant plus difficiles à mes yeux, les textes ici rassemblés en polylogue par Michael Sprinker (à qui je veux commencer par dire mon amicale et profonde gratitude pour la chance qu'il nous donne, qu'il me donne ainsi) mettent en œuvre des « styles », des pratiques, des éthiques ou des politiques de la « discussion », des rhétoriques ou des écritures théoriques hétérogènes entre elles. Il serait absurde, en vérité injurieux, de tenter d'aplatir ou d'aplanir ces singularités en feignant de s'adresser à tous d'une seule et même voix, sur un seul et même mode, pour répondre également à tous et à chacun – et dès lors ne s'adresser à aucun.

Je viens donc de surenchérir. J'ai en effet suggéré que la différence des « philosophies politiques ou des politiques », les différences que d'autres appelleraient aussi « idéologiques » quant à la *position politique*, et donc la différence des *thèses* ne sont pas les plus graves, si difficiles qu'elles restent parfois à surmonter et même à discuter. Ce n'est pas là que se trouvent entre nous, selon moi, les distances ou les contradictions ultimes, à supposer même qu'il y en ait. Car ces différences et ces différends, s'il y en avait et si on pouvait les tenir pour tels, supposeraient au moins un accord de fond, une axiomatique commune quant à la chose même, quant aux *choses* en discussion : la philosophie, la politique, la philosophie politique, le philosophique, le politique, le politico-philosophique, l'idéologique, etc. L'accord serait acquis, ou supposé, sur le fait que l'enjeu de la discussion, de l'évaluation, de l'interprétation peut porter des noms légitimes, des noms communs ou propres : la « philosophie », la ou le « politique », la « philosophie politique » ou la « philosophie (du) politique », « Marx ». Autant de mots et de choses autour desquels, aujourd'hui, au regard du nom propre de « Marx » (c'est-à-dire de son héritage, spectral ou non, et de sa « filiation »), des

« héritiers » (« marxistes » ou non, « marxistes » de telle ou telle « famille », appartenant à telle ou telle génération, à telle ou telle tradition nationale, à telle ou telle formation académique, etc.) en viendraient à débattre, mais dans une *même* langue et à partir d'une axiomatique *commune*.

Or on se doute qu'il n'en est rien en ce livre. Ce qui peut le rendre d'autant plus intéressant pour certains, nécessaire ou dramatique pour d'autres, babelique jusqu'à l'insignifiant pour d'autres encore. D'où en tout cas la difficulté de la tâche pour quiconque vient le dernier, prétendant non pas au dernier mot mais à la lecture préalable de tous ces textes. Comment tenter de formaliser ces différences idiomatiques et intraduisibles, tout en faisant semblant de parler à tous depuis une position en quelque sorte métalinguistique, la position à la fois la plus avantageuse et la plus introuvable, la plus absurde et la plus intenable, et de toute façon la moins juste ? D'où l'échec vers lequel *je cours, l'échec* auquel, comme on dit encore en français, mon discours *est promis*.

Qu'il me soit ici permis de rappeler d'entrée de jeu, avant même de commencer, la remise en question la plus inquiète de *Spectres de Marx*, la plus tourmentée aussi car elle touchait à la fois à la légitimité et à l'opportunité d'un livre qui fut d'abord une conférence datée, une « prise de position » répondant à une invitation signifiante, dans un contexte très déterminé. Cette question resta suspendue, certes, en un lieu depuis lequel s'organisait la stratégie de ce discours et de son adresse, mais elle ne me semble aujourd'hui avoir été sérieusement ou directement prise en considération, comme question, par *presque aucun* des textes de ce volume. Or c'est justement une *triple* question : 1. celle du « *politique* » (de l'essence, de la tradition et de la délimitation du « politique », en particulier chez « Marx ») ; 2. celle du « *philosophique* » aussi (de la philosophie comme ontologie, en particulier chez « Marx »), et donc, 3. de ces lieux qu'on croit pouvoir sous ces noms, en particulier celui de « *Marx* », identifier en commun, fût-ce pour y manifester un désaccord. Ces trois questions (« politique », « philosophie », « Marx ») sont indissociables. S'il y avait une « thèse », dans *Spectres de Marx,* ou une hypothèse, elle supposerait aujourd'hui cette indissociabilité. Les trois thèmes de cette thèse (ou hypothèse) aujourd'hui n'en font qu'un. Ils cherchent le lieu commun qu'ils ont déjà, qui est le leur même si on ne le voit pas, le lieu de leur articulation historique.

La thèse (ou l'hypothèse) de *Spectres de Marx* noue expressément ces trois thèmes en *se* présentant. Mais cette présentation de soi n'est pas un manifeste. Ce n'est l'auto-manifestation d'aucun Manifeste, dans la tradition du Manifeste politique, telle que l'analyse *Spectres de Marx*, justement à propos du *Manifeste du Parti Communiste*. Bien que j'aie décidé de me citer ici aussi rarement que possible, je voudrais rappeler au moins un extrait de l'analyse consacrée à la forme « Manifeste » du texte qui commence donc par « *Ein Gespenst geht um in Europa – das Gespenst des Kommunismus* ». En tentant d'expliquer le titre de Marx, il fallait alors y voir, entrelacés, dans le même événement performatif d'une signature (le « nom propre » de Marx ou de quiconque s'y associe ou se laisse représenter par lui), le politique (en l'espèce du Parti ou de l'Internationale) et l'ontologique (le philosophème de l'être-présent, du présent de la réalité vivante, etc.). Le spectral n'y est considéré, par Marx, que comme un idéologème, seulement un fantasme à dissiper :

« Quand en 1847-1848, Marx nomme le spectre du communisme, il l'inscrit dans une perspective historique qui est exactement l'inverse de celle à laquelle j'avais initialement pensé en proposant un titre tel que les *Spectres de Marx*. Là où j'étais tenté de nommer ainsi la persistance d'un présent passé, le retour d'un mort, une réapparition fantomale dont le travail du deuil mondial n'arrive pas à se débarrasser, dont elle fuit en avant la rencontre, qu'elle *chasse* (exclut, bannit et à la fois poursuit), Marx, lui, annonce et appelle la présence à venir. Il semble prédire et prescrire : ce qui ne figure pour l'instant qu'un spectre dans la représentation idéologique de la vieille Europe devrait devenir, dans le futur, une réalité présente, c'est-à-dire vivante. Le *Manifeste* appelle, il en appelle à cette présentation de la réalité vivante : il faut faire en sorte que dans l'avenir ce spectre – et d'abord une association de travailleurs contrainte au secret jusqu'aux alentours de 1848 – devienne une *réalité*, et une réalité *vivante*. Il faut que cette vie réelle se montre et se manifeste, qu'elle *se présente* au-delà de l'Europe, de la vieille Europe, dans la dimension universelle d'une Internationale.

Mais il faut aussi qu'elle se manifeste dans la forme d'un manifeste qui soit le *Manifeste* d'un parti. Car Marx donne déjà la forme-parti à la structure proprement politique de la force qui devra être, selon le *Manifeste*, le moteur de la révolution, de l'appropriation puis finalement de la destruction de l'État, et la fin du politique comme tel. (Comme cette fin singulière du politique correspondrait à la présentation d'une réalité absolument vivante, il y a une raison de plus pour penser que l'essence du politique aura toujours la figure inessentielle, l'anessence même d'un fantôme.) » [2]

Dans *Spectres de Marx*, la présentation de l'hypothèse ne *se* présente pas, à proprement parler. L'hypothèse ou la thèse ne *se pose* pas. Si elle se posait ou se présentait, ce serait du moins sans manifeste ni auto-manifestation. Sans se présenter au présent, elle prend pourtant position, comme on dit, sa « position » ou plutôt sa « supposition », à savoir la « responsabilité » ainsi prise, *comme* une *transformation,* donc comme une *trans*position *hétérodoxe* ou *paradoxale* de la XI^e^ des *Thèses sur Feuerbach.*

Donc *comme* un héritage fidèle-infidèle de « Marx », infidèle *pour* être fidèle (infidèle *pour* être fidèle : à la fois *en vue d'*être fidèle et *parce qu'*il est ou voudrait être fidèle).

Donc *comme* une hypothèse ou un postulat : sur ce que peut et doit être un héritage en général, à savoir nécessairement fidèle *et* infidèle, infidèle *par* fidélité. Ce livre est un livre sur l'héritage, bien qu'il ne doive pas s'enfermer avec des

2. *Spectres de Marx*, Galilée, 1993, pp. 166-167. *Specters of Marx*, traduction anglaise de Peggy Kamuf, Routledge, 1994, pp. 101-102. La suite, que je ne cite pas, développe cette problématique du parti, sur laquelle je reviendrai, et la question de l'idéologie comme « fable » (*Märchen*), ici la fable du spectre.

« fils de Marx ». C'est plus précisément un livre sur ce que « hériter » peut non pas *vouloir-dire*, de façon *univoque*, mais, peut-être, enjoindre de façon contradictoire et contradictoirement obligatoire. Comment répondre, comment se sentir responsable d'un héritage qui vous lègue des ordres contradictoires ?

Sans prétendre reconstituer ici ce mouvement, je me permettrai encore de rappeler ce qui, à un certain moment, nouait ensemble, *d'une part*, « la possibilité même [...] et la phénoménalité du politique », ou encore « ce qui permet d'identifier le politique », et, *d'autre part*, celle d'une « hantologie », là où un discours (je ne dis pas une science) de la spectralité reste « irréductible [...] à tout ce qu'elle [une « hantologie »] rend possible, l'ontologie, la théologie, l'onto-théologie positive ou négative », c'est-à-dire aussi, avant même de parler de « philosophie marxiste », cette « philosophie » dont Marx n'a jamais pu, selon moi, thématiser la limite.

Car l'un des « fils rouges » de *Spectres de Marx*, ce n'est rien de moins que la question du « philosophique » [3] chez Marx. Les trois questions sont nouées ensemble. Comment délimiter 1. la « phénoménalité du politique » comme tel ? 2. la « philosophie », comme onto-théologie ? et 3. l'héritage comme héritage de « Marx », du nom et au nom de « Marx » ? Or c'est au moment où se nouent ces trois questions que je tente de définir l'acte qui, portant au-delà de la forme-question de la question, consiste à « *prendre* une responsabilité, bref à s'engager de façon performative » [4]. J'ajoutai alors :

« Cette dimension de l'interprétation performative, c'est-à-dire d'une interprétation qui transforme cela même qu'elle interprète, jouera un rôle indispensable à ce que je voudrais dire ce soir. Une interprétation qui transforme ce qu'elle

3. Bien que ce fil traverse tout le livre, il relie aussi l'un à l'autre deux débats. Forts différents entre eux, certes, ces débats sont engagés d'une part avec Michel Henry (*ibid.*, p. 177 *sq* ; tr. p. 109, n. 35 *sq*) et d'autre part avec Etienne Balibar (*ibid.*, p. 116 *sq* ; tr. p. 68, n. 8 *sq*).

4. *Ibid.*, p. 89 ; tr. p. 50.

interprète, voilà une définition du performatif qui est aussi peu orthodoxe au regard de la *speech act theory* que la XIe des *Thèses de Feuerbach* ("Les philosophes n'ont fait qu'*interpréter* le monde de différentes manières, ce qui importe c'est de le *transformer.*" *Die Philosophen haben die Welt nur verschieden* interpretiert ; *es kommt aber drauf an, sie zu* verändern. ) » [5].

Le geste que je risque ainsi, on aura toujours le droit, bien entendu, de le *juger*. On peut le trouver effectif ou non, efficace ou imaginaire, réel ou fictif, lucide ou aveugle, etc. Je n'ai moi-même, *par définition*, aucune assurance « théorique » ou « pratique » à ce sujet. Je prétendrai même qu'on ne peut ni ne doit en avoir au moment de prendre une responsabilité, de dire ou de faire quelque chose qui soit autre chose que l'effet d'un programme. La demande minimale, la demande de *lecture* que la forme de ce geste semble toutefois comporter en elle-même, c'est une demande qui reste, elle, à la fois théorique et pratique. Il est demandé de prendre en compte la nature et la forme, j'oserai même dire l'intention déclarée de ce geste, fût-ce pour en critiquer l'intérêt, la possibilité, l'authenticité, voire la sincérité.

*Trois types de conséquences* s'ensuivent nécessairement. Avant même de tenter une réponse plus précise aux textes réunis dans ce volume, je situerai seulement ces conséquences typiques. Je ne pourrai pas leur accorder le développement nécessaire, mais ce rappel de principe devrait compter pour tout ce qui suivra.

1. *La question de la question* ou la mise en question de la question. Bien que je vienne de rappeler un nœud de questions, bien que *Spectres de Marx* multiplie les interrogations et rappelle sans cesse l'urgence critique de toute sortes de problèmes auxquels il ne faudra jamais renoncer, il y a aussi, comme dans tous les textes que j'ai publiés ces dix dernières années (au moins depuis *De l'esprit, Heidegger et la*

5. *Ibid.*, p. 89 ; tr. p. 51.

*question)*, une grande insistance sur la dépendance, voire sur une certaine secondarité de la *forme-question*. D'où une certaine divisibilité, d'où le pli, d'autres diraient la duplicité assumée d'un discours qui tente de faire deux choses difficilement compatibles au premier abord : *d'une part*, tenter de réveiller des questions hypnotisées ou refoulées par la réponse même ; mais, simultanément et *d'autre part*, assumer aussi l'affirmation (nécessairement révolutionnaire), l'injonction, la promesse, bref la quasi-performativité d'un *oui* qui veille sur la question, la précédant comme sa veille même. L'un des exemples de ce respect ambigu pour la question (critique ou hypercritique, oserai-je dire « déconstructive » ?), ce serait le moment où, proposant une nouvelle question, je suspecte aussitôt, de façon presque simultanée, une rhétorique de la question (qu'il ne faut pas réduire à celle d'une « *rhetorical question* ») : « Une question *n'*est *pas encore* posée. Pas comme telle. Elle serait plutôt dissimulée par la *réponse philosophique*, nous dirons plus précisément *ontologique*, de Marx lui-même » [6]. Cette question n'est autre que celle du spectre ou de l'esprit. Sans attendre, presqu'à la phrase suivante, j'expliquai pourquoi je croyais devoir me méfier de ces mots, en particulier de l'alternative « question/réponse ». Et c'est alors, de façon sans doute non fortuite, que surgit ici le mot « peut-être », l'un de ces « peut-être » qui marquent explicitement, depuis des décennies, la modalité privilégiée, en ce cas *messianique*, des énoncés qui comptent le plus pour moi (il se trouve que j'ai longuement thématisé le sens et même, si on pouvait encore dire, la nécessité ou l'inéluctabilité de ce « peut-être » l'année qui a suivi *Spectres*

6. *Ibid.*, p. 58, tr. p. 29. A la page suivante encore, et un peu partout dans le livre, il est question, si je puis dire, de la « réponse ontologique » de Marx. Non pas seulement à la question spectrale du spectre (la question de la spectralité au-delà de toute détermination ontologique : vie/mort, sensible/intelligible, présence/absence, etc.), mais à une injonction qui serait plus vieille, comme sa veille même, que la question ou la forme-question du discours. La « réponse ontologique » de Marx, sa réponse en tant que et partout où elle reste *ontologique*, consiste, selon moi, à suturer la question ; elle en réduit ou dénie l'abîme, elle en conjure la menace. Sur les effets de ce traitement ontologique, *cf.* en particulier p. 150, tr. p. 91.

*de Marx*, dans *Politiques de l'amitié* [7]) : « Mais tous ces mots trahissent : il ne s'agit *peut-être* plus du tout d'une question et nous visons plutôt une autre structure de la "présentation", dans un geste de pensée ou d'écriture [...] » [8].

2. *Dépolitisation, re-politisation.* Ce qui devrait suivre, à mes yeux, cette déconstruction de l'« ontologie » marxiste, c'est tout le contraire d'une dépolitisation ou d'un dépérissement de l'effectivité politique. En réexaminant jusque dans leur fond les axiomes du rapport entre « Marx », la théorie, la science et la philosophie, il s'agirait plutôt pour moi de commencer à rendre compte aussi bien d'*échecs historiques désastreux*, et sur le plan théorique et sur le plan politique, que de *repolitiser* autrement un certain héritage de Marx. D'abord en le portant vers une dimension du politique affranchie de ce qui – pour le meilleur mais surtout pour le pire, dans notre modernité – a soudé le politique à l'ontologique (d'abord à un certain concept de l'effectivité ou de l'étant-présent, de l'universel selon l'État, la citoyenneté cosmopolitique et l'Internationale selon le Parti) [9].

Quant aux désastres que je viens de nommer si elliptiquement, aux désastres *théoriques-et-politiques*, je le répète, ils devraient inquiéter, non ? Ne devraient-ils pas donner des idées, au moins quelques-unes, à tous les marxistes patentés qui seraient encore prêts à parader en donneurs de leçons ? Aux marxistes statutaires ou statufiés qui s'autorisent encore à ironiser devant tels alliés difficiles qui ne les ont pas rejoints depuis toujours dans l'orthodoxie de leur sommeil dogmatique ? Aux marxistes officiels qui font les difficiles devant tels alliés difficiles quand ces derniers s'efforcent de ne pas céder, le désastre ayant eu lieu, à la pire démission – théorique et politique, encore une fois ? Dans ce livre-ci du moins (et c'est

7. Galilée, 1994, pp. 43-92 ; *Politics of Friendship*, tr. G. Collins, Verso, 1997, pp. 26-48.

8. *Spectres de Marx*, p. 58., tr. p. 29. Je souligne « peut-être » aujourd'hui.

9. Sur ce double point, dépolitisation et re-politisation, *cf. ibid.*, pp. 149-151, tr. pp. 91-92 et *passim*.

pourquoi je suis heureux et reconnaissant d'avoir la chance d'y participer), Terry Eagleton [10] reste heureusement le seul (presque le dernier) « marxiste » de ce type, il est vrai. Il est le seul (presque le seul et presque le dernier) à garder ce ton imperturbablement triomphant. On se demande en se frottant les yeux où il en trouve encore l'inspiration, la hauteur et le droit. N'a-t-il donc rien appris ? Quel droit de propriété s'agirait-il encore de protéger ? Quelles frontières ? À qui appartiendrait le « marxisme » ? Serait-il encore le domaine réservé, la propriété privée de ceux qui se disent ou se prétendent « marxistes » ? Gayatri Chakravorty Spivak, quant à elle, aura eu du moins, dans un texte récent, le mérite d'une inquiétude ou d'un remords. Elle rapporte en effet la réflexion d'« un ami ». Que lui disait amicalement cet ami ? Que si elle a toujours eu quelque « *trouble with Derrida about Marx* »,

10. **Terry Eagleton** (« Marxism without Marxism », in *Ghostly Demarcations*, pp. 83-87), tout en rappelant que Derrida a toujours été un homme de gauche, engagé au côté de l'ANC ou sur l'Algérie, Auschwitz et l'Europe de l'Est, laisse entendre polémiquement que l'auteur de *Spectres de Marx* sommeillait durant la longue nuit du reagano-tatchérisme, et qu'il est surprenant de voir la déconstruction se présenter soudain comme une forme de radicalisation du marxisme. Quoi qu'il en soit, Terry Eagleton doute qu'on puisse parler d'« esprits » de Marx, au pluriel. Malgré l'efficacité d'un style qui unit la rigueur philosophique, la dimension poétique et l'humour, le marxisme de Derrida n'aurait pas plus de portée critique que le discours de Perry Anderson sur Fukuyama. Contrastant avec la précision de ses analyses philosophiques habituelles, ses attaques contre le pouvoir scientifico-militaire et l'économie télé-techno-médiatique n'auraient pas dépassé les diatribes de l'École de Francfort. Eagleton soupçonne en outre quelque opportunisme dans l'utilisation du marxisme comme simple instrument de travail théorique, sans allégeance au marxisme historique. N'est-ce pas un marxisme sans marxisme ? C'est-à-dire sans rien de ce qui fait le socialisme, puisque Derrida se défie de l'idée d'organisation militante, d'appareil politique au programme et à la doctrine clairement formulés.

Le filtrage auquel Derrida soumet le marxisme, en excluant l'ontologie, le système, les matérialismes dialectique et historique, pourrait faire penser à l'anglicanisme libéral, qui veut distinguer l'esprit du christianisme du bagage métaphysique de l'existence de Dieu, de la divinité du Christ, etc. Cependant ce messianisme très formel risquerait d'apparaître comme un simple habillage du scepticisme commun, et aussi comme la forme achevée d'un post-structuralisme français au radicalisme volontiers hyperbolique.

« *maybe that's because*, avoue-telle en transcrivant, *I feel proprietorial about Marx* » [11].

« *Proprietorial* » est un très bon mot. Je propose même de préciser : « *prioprietorial* ». Car alors on ne revendique pas seulement une propriété mais, ce qui prête encore plu s à sourire, une priorité. Suggestion amicale, en effet, qu'il ne suffit pas de répéter à chaque page pour l'avoir entendue. Car un peu plus bas, sur la même page, on lit encore : « *Is it just my proprietorial reaction [...] ?* » Quatre pages plus loin, le remords se fait de plus en plus compulsif mais toujours aussi inefficace : « *Is this my proprietoriality about Marx ? Am I a closet-clarity fetishist when it comes to Marx ? Who knows ?* » [12]

*Who knows* ? Moi, je ne le sais pas, mais j'avoue que, comme l'ami dont Gayatri Spivak rapporte la mise en garde, je le crains. Et ce qui m'étonne toujours devant la possessivité jalouse de tant de marxistes, et plus encore dans *ce* cas, ce n'est pas seulement ce qui est *toujours* un peu comique dans une revendication de propriété, et comique de façon encore plus théâtrale quand il s'agit d'un héritage, et d'un héritage textuel, et encore plus affligeant quand il s'agit de l'appropriation d'un héritage nommé « Marx » ! Non, ce que je me demande toujours, et plus encore dans *ce* cas, c'est où seraient pour l'auteur les titres présumés de propriété. Au nom de quoi, en alléguant quoi, au juste, ose-t-on même *avouer* une « *proprietorial reaction* » ? Pour cet aveu lui-même, il faut supposer qu'un titre de propriété a été reconnu, au nom duquel on s'acharne à défendre encore son bien. Mais qui l'a jamais reconnu, ce droit de propriété, surtout dans ce cas ? À la page précédente (p. 71) d'un article de bout en bout incroyable, Gayatri Spivak avait déjà écrit ceci, dans un ultime éclair de lucidité qui ne pourrait mieux se réfléchir ainsi : « *Now comes a list of "mistakes" that betrays me at my most proprietorial about Marx, perhaps. The reader will judge* ». Il est vrai que le lecteur que je suis, parmi d'autres, aura jugé :

---

11. « Ghostwriting », *Diacritics*, Summer 1995, p. 65.
12. *Ibid.*, p. 72.

la liste en question est d'abord une liste de fautes de lecture de Gayatri Spivak elle-même – qui a bien raison de mettre d'avance le mot de « *mistakes* » entre guillemets. Certaines de ses fautes relèvent d'une grossière incapacité à lire, ici aggravée en effet par le ressentiment blessé d'une *« proprietoriality about Marx »*. D'autres fautes sont produites par la manipulation effrénée d'une rhétorique dont je ne donnerai, faute de temps et de place, qu'un exemple [13]. Je choisis cet exemple parce qu'il concerne directement la « dépolitisation-repolitisation » qui m'occupe ici dans ce deuxième point. Définissant les conditions nécessaires à la re-politisation que je souhaite, j'écrivais en effet : « Il n'y aura pas de re-politisation, il n'y aura plus de politique *autrement* » [14]. Autrement dit, j'insiste alors sur le fait que, hors des conditions que je définis dans ce contexte, on n'arrivera pas à repolitiser, comme visiblement je souhaite et comme il me paraît évidemment souhaitable qu'on le fasse. Or celle qui se soupçonne elle-même, à juste titre, de se croire un peu « propriétaire » de Marx, voici qu'elle fait alors sauter le « autrement », interrompt la phrase et me prête à contresens, sans guillemets mais en indiquant le numéro de la page, dans *Specters of Marx* (p. 87, donc), outre une série de « *we will* » qui ne sont pas les miens, l'énoncé suivant : *« We won't repoliticize [SM 87] »* ! comme si elle était autorisée à m'attribuer ce propos, par simple et innocente paraphrase, comme si j'avais recommandé de ne pas repolitiser, *là où j'insiste pour faire exactement le contraire* [15] ! Au moment de lire une falsification de

13. *Ibid.*, p. 69.

14. *Spectres de Marx*, p. 144. *Specters of Marx* p. 87. Je souligne ici « autrement » (« *otherwise* »).

15. Je pourrais citer mille passages de mon livre pour confirmer ce que j'avance ici. En voici seulement un, à proximité de celui que qualifie ainsi Spivak : « C'est plutôt une certaine affirmation émancipatoire et *messianique*, une certaine expérience de la promesse qu'on peut tenter de libérer de toute dogmatique et même de toute détermination métaphysico-religieuse, de tout *messianisme*. Et une promesse doit promettre d'être tenue, c'est-à-dire de ne pas rester "spirituelle" ou "abstraite", mais de produire des événements, de nouvelles formes d'action, de pratique, d'organisation, etc. Rompre avec la "forme-parti" ou avec telle ou telle forme d'État ou d'Internationale, cela ne

cette taille, j'ai eu de la peine à en croire mes yeux et surtout à décider si elle était volontaire ou involontaire. Mais volontaire et/ou involontaire, la chose est grave dans les deux cas. Pour le dire froidement et formellement, tout se passe comme si on ne pouvait s'interroger et s'inquiéter au sujet d'*une* politique déterminée ou d'*une* détermination *du* politique sans être aussitôt accusé de dépolitisation générale. Mais il est vrai qu'une re-politisation passe toujours par une dé-politisation relative, par la prise en compte du fait qu'un vieux concept du politique a été de lui-même dépolitisé ou dépolitisant.

Ce qui touche à la « politisation » ou à la « re-politisation » n'a pas échappé à la lucidité de Jameson dont on aura lu ici la forte et scrupuleuse analyse. Il note en effet que « *spectrality is here the form of the most radical politicization and that, far from being locked into the repetitions of neurosis and obsession, it is energetically future-oriented and active* » [16]. Oui, confiance, « *The reader will judge.* »

Je ne suis pas en train de dire que si le marxisme va si mal, en particulier dans l'université, c'est la faute des « marxistes », de quelques « marxistes » académiques, encore moins de certains de ceux que je viens de citer (Spivak ou Eagleton). Ce serait vraiment trop dire, on s'en doute. Les proportions, hélas, sont autres. Disons seulement ceci : le mal étant fait, les causes et les effets étant ce qu'ils sont, les comportements symptomatiques que je viens de décrire ne sont pas faits pour arranger les choses, comme on dit, et réparer les dégâts.

---

signifie pas renoncer à toute forme d'organisation pratique et efficace. C'est exactement le contraire qui nous importe ici » (*ibid.*, pp. 146-147, tr. p. 89).

16. *Ghostly Demarcations*, p. 60. Cette interprétation semble partagée par Tom Keenan, qui cite aussi cette remarque de Jameson dans un livre puissant et courageux qu'il vient de publier (*Fables of Responsibility, Aberrations and Predicaments in Ethics and Politics*, Stanford University Press, 1997, p. 224). Voir en particulier son chapitre sur Marx (1993) auquel je faisais déjà référence dans *Spectres de Marx*, p. 195, n. 35. On ne peut donc pas se tromper plus lourdement, au risque de paraître vouloir tromper le lecteur, quand on ose écrire, comme le fait Ahmad, d'une « *anti-politics* » de *Spectres de Marx* (« [...] *the anti-politics he advocates might well bring us not a "new International" but a mere Fortinbras – a "new" order that is a variant of the very old one...* », p. 107).

3. *Le perverformatif.* La référence que je viens de faire à la « quasi-performativité » signifierait au moins deux choses, deux en un mot. Les deux choses ont un rapport essentiel à la nécessité de cette re-politisation, là où il me semble que, à certaines conditions, il faut y œuvrer.

A. Dans *Spectres de Marx,* comme dans tous mes textes, depuis vingt-cinq ans au moins, la prise en compte de la dimension performative (non seulement du langage au sens étroit mais de ce que j'appelle trace et écriture) aura partout déterminé et *surdéterminé* toutes mes argumentations.

B. *Surdéterminé* car simultanément il s'agissait d'autre chose que d'appliquer telle quelle une notion austinienne (et là encore j'espère avoir été fidèle-infidèle, infidèle par fidélité à un héritage, à « Austin », à l'une des pensées ou à l'un des événements théoriques majeurs, l'un des plus féconds, sans doute, de notre temps). J'ai depuis longtemps essayé de transformer du dedans la théorie du performatif, de la déconstruire, c'est-à-dire de la sur-déterminer elle-même, de la mettre en œuvre autrement, dans une autre « logique » – et là encore, en récusant une certaine « ontologie », une valeur de présence pleine qui conditionne (*phenomenologico modo)* les motifs intentionnalistes du sérieux, de la « *felicity* », de l'opposition simple entre *felicity* et *unfelicity*, etc. Cela aura commencé au moins dans *Signature événement contexte* et se sera poursuivi partout ailleurs, en particulier dans *Limited Inc* et dans *La carte postale.* J'ai été heureux que Fredric Jameson ait si bien reconnu certains liens de continuité ou de cohérence entre *La carte postale...* et *Spectres de Marx.* Quant à ce que Hamacher fait ici de ce que j'avais en 1979, justement dans *La carte postale*, appelé le « perverformatif » [17], le raccordant à

17. « Lingua Amissa : The Messianism of Commodity-Language and Derrida's *Specters of Marx* », in *Ghostly Demarcations*, p. 212 n. 40. **Werner Hamacher** (pp. 168-212) reconstitue le processus d'engendrement de la marchandise et de la valeur marchande à partir du « tissu ». Le « tissu », comme marchandise privilégiée de l'économie politique et de sa critique, n'est peut-être pas une question qui concernerait deux langages comme on le suppose chez Marx : le langage qui se rapporte au tissage où le tissu s'exprime

lui-même et le langage qui parle au-delà. Il y aurait peut-être le dédoublement d'un seul et même langage. Marx parle du tissu dans *Le Capital* en espérant que le tissu parle lui-même, et Derrida, dans *Spectres de Marx*, évoque la surface de projection des fantômes. On a affaire, avec ces deux références au tissu, à une des métaphores les plus puissantes de la tradition philosophique touchant au voilé, à la mystification et au fétiche. Ainsi du fétiche-table (*Fetisch-Tisch*) de la marchandise qui danse, et dont Derrida tire les conséquences d'une dimension messianique incommensurable, à l'instar du langage de la marchandise avec sa promesse messianique, celle de la marchandise et celle du capital qui s'y trouve incluse. Même si Marx dénonce un phénomène religieux et idéologique, la spectralité de la marchandise constitue l'archi-phénomène incommensurable de l'économie politique. Le caractère spectral d'une telle phénoménalité marchande appelle une analyse de la dimension messianique qu'elle comporte, que ce messianisme soit fort, ou faible (Benjamin).

La marchandise du tissu se révèle ainsi, comme tout phénomène, constituée de manière à la fois spectrale et messianique. Et le langage de la marchandise parle de ses liens avec le manteau, de ce qui le constitue comme valeur issue du même travail humain. Le tissu « pense » donc son rapport à l'échange marchand, en parlant avec une autre marchandise il constitue la syntaxe de la logique d'équivalence arithmétique des échanges. Mais ce langage n'est pas seulement constatif, il accomplit une performativité messianique de promesse, dans une fiction qui sort de l'horizon économique. La croyance de Marx en un langage non fantomatique, non altéré par la marchandise, qui parle du vrai secret de la production marchande, qui parle du travail industriel et concret avec un temps de travail mesurable, est l'annonce ou la promesse du vrai royaume de la liberté comme royaume d'ergocratie complète sur la base du royaume dépassé de la nécessité. Où le retour éternel du spectre, la présence du capital, serait marqué par la disjonction interne du travail et sa propre finalité, son auto-téléologie : la liberté du travail est l'objet de la promesse marxiste, et le point-disparaissant de la révolution communiste, « il n'y aura plus de travail » est la promesse du langage de la marchandise avec sa syntaxe de la forme d'équivalence. L'extrémité messianique dépasse la structure classique du *télos* de la rupture, son événementialité n'est ni une connaissance ni un objet perceptible et pensable à l'avance. Sa structure de transformation performative est « exformative », elle ne tombe plus sous les pensées catégoriques de la forme. La venue peut-elle témoigner d'elle-même ? Comme figure de la figuration spectrale mais aussi comme archi-figure (et défiguration) de la différence ? Ces figures de figures spectrales intéressent Derrida dans son analyse de la logique patrimoniale de la « père sécution ». Derrida pense que Stirner est le mauvais frère de Marx, un double, une image diabolique : frère sécution, l'archi-spectre. L'aporie de la persécution de soi « perforce » un soi seulement possible comme persécution. Marx se produit dans le spectre qu'il croit persécuter. Cette performativité révolutionnaire messianique est donc aussi une performativité tournée contre elle-même : elle relève d'une perversion originale, une perverformativité.

Le messianique est mal nommé, il est amessianique, il a la forme de la structure performative qui doit se suspendre dans le performatif. La promesse

des textes plus récents, tels que « Avances », c'est à mes yeux l'un des nombreux gestes lumineux et puissants de son interprétation, dans un texte impressionnant, admirable et original. Me sentant profondément d'accord avec Hamacher, prêt à le suivre sur toutes les voies qu'il ouvre ainsi, je ne pourrai rien faire d'autre ici que de lui rendre un simple hommage reconnaissant. (Il n'y aura donc rien de paradoxal, malgré l'apparence, à ce que j'en parle ici très peu et me contente d'inviter le lecteur à le lire et relire en pesant chacun de ses mots.)

Après ces remarques préliminaires, je dois annoncer d'un mot le choix que j'ai cru devoir faire pour tenter de « répondrc », dans un espace malheureusement limité, aux essais de ce livre. Pour ne pas éluder les thèmes à mes yeux les plus nécessaires, les plus généraux, les plus communs aussi aux différents essais, je croiserai un ordre conceptuel avec un ordre plus « personnel ». En répondant, dans l'ordre, à chacun (sauf, à peu près, et pour les raisons opposées que je viens d'évoquer, à Eagleton et à Hamacher), je déborderai parfois la logique de cet ordre pour me référer ici ou là à la récurrence du même thème ou de la même objection dans plusieurs textes à la fois. C'est la moins mauvaise solution que j'ai dû adopter, dans une économie que je n'ai pas choisie, pour répondre de la façon la moins injuste possible, en peu de pages, à neuf textes, à neuf stratégies, voire « logiques » différentes.

Pour commencer, un rappel. Ceux qui me font l'honneur de s'intéresser à mon travail peuvent en témoigner, je n'ai jamais fait la guerre au marxisme ni aux marxistes. Pourquoi donc en viendrai-je à espérer une *réconciliation* (je souligne ainsi le mot qui apparaît dans le titre et si souvent dans le

---

marxiste, celle qui revendique l'universalité illimitée de la justice et de la liberté, mais à travers les apories de l'ouverture, de l'attente, de l'accueil, de l'hospitalité, est *lingua missa, lingua amissa*. Son langage est le désert dont parle Blanchot, où tout est impossible mais où un « quand même » prophétique surgit encore.

texte de Aijaz Ahmad, dont c'est en somme le leitmotiv) ? Et quel serait l'intérêt d'une telle réconciliation ? Si mon premier souci avait été la « réconciliation », fût-ce au sens où l'entend Ahmad [18], j'aurais écrit un tout autre livre. À bien relire le pararagraphe dans lequel Ahmad explique longuement toute la subtilité de son titre, « *Reconciling Derrida* », on voit bien qu'il ne s'agit ni d'une « *Reconciliation with Derrida* » ni de « *Derrida reconciled* »... « *on the part of Derrida, in relation to Marx – or of Marxism in relation to Derrida* ».

Glissement de Marx au marxisme, donc : pourquoi ? *qui* est le marxisme ? Ahmad ? tous ceux dont il se fait le représentant ? Mais déjà, dans *ce* livre même, il n'y a aucun accord, aucune homogénéité possible entre tous les « marxistes », entre tous ceux qui se disent ou qu'on dit « marxistes ». A supposer qu'il soit possible de les identifier comme « marxistes », il reste impossible de les identifier entre eux. Ce n'est pas un mal à mes yeux, mais cela devrait rendre l'appellation identitaire « marxiste » plus incertaine que jamais (j'en parle plus d'une fois dans *Spectres de Marx*).

Ahmad poursuit : « *In either case, we would then have a sense of gratification too easily obtained* ». Il s'agirait donc plutôt d'une réconciliation de moi avec moi (« *Derrida in the process of reconciling* ») au cours d'une « identification ». Il me faudrait insister sur ce point, et sans identification narcissique, justement (bien que sur le narcissisme j'aie risqué ailleurs des propositions peu enclines au consensus). Il faudrait y insister pour deux raisons au moins.

1. *D'abord* pour rendre justice à la complexité de l'identification dont parle Ahmad et qui, selon moi, touche un enjeu très sensible de ces débats. L'identification en question, il le précise de façon complexe et intéressante, serait *double* : « *identifying* with *the intent of this reconciling* », « *identifying that with which Derrida has set out to reconcile himself* ».

2. *Ensuite* parce que dans les deux cas (l'un étant enveloppé dans l'autre, on l'a vu), la réconciliation serait au pro-

18. *Ghostly Demarcations*, p. 90.

gramme (ce que je conteste, je dirai comment et pourquoi dans un instant) et l'identification serait à chercher *de mon côté*. Or ce processus d'identification, qui est au fond ce sur quoi portent les analyses les plus retorses de *Spectres de Marx*, justement là où ce livre engage toute la logique spectrale, je trouve que Ahmad l'arrête bien vite sur des noms propres, des pronoms personnels et ce qu'il appelle des « sujets ». Il le fait avec une assurance que, on s'en doute, j'ai du mal à partager. Il écrit en effet : « *I mean, rather, the active sense of a process, and of a subject : a* mode *of reconciliation ; Derrida in the process of reconciling ; and we, therefore, in response to the process Derrida has initiated, participating in an* identification *– an identification also in the sense of identifying* with *the intent of this reconciling, as well as in the sense of identifying that with which Derrida has here set out to reconcile himself. It is in this double movement of identification that the pleasures and problems of Derrida's texts lie for us, the readers of the text* ».

Oui, « plaisirs et problèmes ». Quand, avec une assurance imperturbable, comme s'il était sûr de ce qu'il voulait dire (« *I mean* », dit-il), Ahmad associe mon nom à un processus de réconciliation (et que j'aurais même « initié » !), je soupire en souriant (et il est vrai que j'y prends aussi un certain plaisir) ; mais quand il dit « *we* » (« *we therefore...* ») dans la phrase suivante, mon rire, si j'ose dire, devient à la fois franc et sérieux : « problèmes », dirais-je ! car je me demande où ce sommeil dogmatique trouve une telle ressource. Qui a le droit de dire ici « nous » : nous les « marxistes » ? nous les lecteurs, etc. ? et surtout : est-ce que tout dans mon livre ne revient pas à problématiser justement *tout* procès d'identification, voire de détermination en général (identification de l'autre ou à l'autre ou à soi : X est Y, je suis l'autre, je suis je, nous sommes nous, etc.), autant de questions à inscrire sous le titre que je souligne depuis le début de cette réponse : ontologie ou non, spectralité et différence, etc. Cela affecte d'abord l'idée même de justice et de messianicité qui donne son fil conducteur, son fil rouge, à *Spectres de Marx*. Or elle n'aurait un intérêt et une spécificité, si elle en a, qu'à se soustraire à cette logique de l'identité et de l'identité à soi [19].

Si mon premier souci avait été quelque « réconciliation », j'aurais procédé tout autrement. Je n'aurais pas prévu, comme je l'ai clairement fait, ce qui est en effet arrivé le plus souvent, à savoir que c'est surtout aux « marxistes » confortablement installés en propriétaires sur leur position et identifiés par eux-mêmes à eux-mêmes que *Spectres de Marx* ne ferait pas plaisir. Précisément parce que les choses ne sont pas simples et que ce livre ne vient pas de l'ennemi. D'un ennemi identifiable. C'est surtout en pensant d'avance aux réactions – différentes, certes, mais sur ce point analogues et si prévisibles – de marxistes possessifs, veillant sur l'orthodoxie comme sur un patrimoine (Eagleton, Spivak et Ahmad par exemple) que j'annonçais :

> « C'est pourquoi ce que nous disons ici ne fera plaisir à personne. Mais qui a jamais dit que quelqu'un devait jamais parler, penser ou écrire pour faire plaisir à quelqu'un ? Et il faudrait avoir bien mal entendu pour reconnaître dans le geste que nous risquons ici une sorte de ralliement-tardif-au-marxisme. Il est vrai que je serais aujourd'hui, ici, maintenant, moins insensible que jamais à l'appel du contretemps et du contre-pied, comme au style d'une intempestivité plus manifeste et plus urgente que jamais. "Saluer Marx, c'est bien le moment !" : déjà je l'entend dire. Ou bien : "Il était bien temps !", "Pourquoi si tard ?" Je crois à la vertu du contretemps [...] » [20]
>
> (Je demande qu'on lise aussi ce qui précède et ce qui suit, au moins jusqu'au « je ne suis pas marxiste » « et qui peut dire encore "je suis marxiste" ? »)

En écrivant cela, je voyais déjà venir, sans doute, sans penser précisément à tel ou tel « marxiste », le déplaisir ou la

19. *Cf.* tout le chapitre « Injonctions de Marx », la lecture « déconstructive » de Heidegger sur ces thèmes en particulier à partir de la p. 119.

20. *Ibid.*, pp. 144-145, tr. pp. 87-88.

rage si prévisibles de soi-disant marxistes comme Eagleton ou comme Ahmad.

La chrono-logique du contretemps était, si je puis dire, au programme. Deux exemples :

1. *Le contretemps selon Eagleton* : « [...] *it is hard*, dit-il, *to resist asking, plaintively, where was Jacques Derrida, when we needed him ?* » Cette accusation de « contretemps », n'est-il pas difficile de l'accorder, sous la plume du même auteur, avec celle d'« opportunisme » ? car je suis en même temps accusé par lui d'opportunisme et d'inopportunisme, et d'aller à contre-courant juste pour « *exploit Marxism as critique, as dissent* [...] ». Cet « opportunisme » incorrigible et paradoxal me ferait donc toujours faire le contraire de ce qu'il est opportun de faire au moment voulu, au moment attendu. Je serais un opportuniste qui choisit mal son heure ! La seule explication (un peu courte pour un marxiste, on en conviendra), en serait psycho-caractérologique, voire caractérielle, idiosyncrasique : mon « *adolescent perversity* » [21]. Cette hypothèse me fit sourire – et, comme dirait Ahmad, presque plaisir. Car enfin, qu'est-ce que Eagleton a donc contre la perversité adolescente ? Milite-t-il avant tout pour le retour à la normalité ? pour la normalisation ? le modèle de sa

21. « *There is more than a touch of this adolescent perversity in Derrida, who like many a postmodernist appears to feel (it is a matter of sensibility rather than reasoned conviction) that the dominant is* ipso facto *demonic and the marginal precious* per se. *One condition of the unthinking postmodern equation of the marginal with the creative, apart from a convenient obliviousness to such marginal groups as fascists* [...] ».

Qu'on relise la suite : j'ai cité jusque là pour souligner, outre le psychologisme sommaire et archaïque de cette distinction entre la « *sensibility* » et la « *reasoned conviction* », l'effet rhétorique cherché, dans la polémique, par la référence analogiste et contaminante à la marginalité « fasciste » – le lecteur jugera : il est insinué que je suis insensible au fascisme, donc sans vigilance contre le fascisme, donc prédisposé à la faiblesse envers le fascisme, rien de moins – mais surtout pour rappeler que la grave, confortable et démagogique confusion entre mon travail (ou même toute « déconstruction » en général) avec le postmodernisme révèle chez Eagleton, comme chez Ahmad, comme chez Lewis, une défaillance massive dans la lecture et l'analyse. À elle seule, cette méconnaissance primaire pourrait m'autoriser à interrompre ici tout dialogue jusqu'au moment où un certain « *homework* » aurait été fait. Le chemin n'en est pas pris et il est bien tard en effet.

figure révolutionnaire, serait-ce l'adulte normal, guéri de toute perversité ? de quelle autre perversité encore ? La liste peut toujours s'élargir quand on commence à s'en prendre à une perversité. Mais à supposer même que cette hypothèse psychologiste rende compte de mes vices personnels, le champ dont nous parlons, Eagleton le sait bien, ne s'arrête pas à ma personne. N'intéresserais-je qu'un seul lecteur, c'est aussi à son sujet qu'il faudrait parler de « perversité adolescente ». Et s'il y a tant de « pervers adolescents » dans le monde qui vont de ce côté-ci plutôt que de celui-là, un « marxiste » devrait se demander ce qui se passe : dans le monde et non dans mes désordres pulsionnels. Il devrait chercher d'autres explications que la déviation libidinale d'un auteur qui vieillit mal. Car Eagleton, je crois le deviner, me reproche de ne pas vieillir assez vite, de vieillir à contretemps.

2. *Le contretemps selon Ahmad.* Celui-ci ne regrette pas seulement que je sois en retard, dans ce qu'il appelle (j'y reviens tout de suite) mon « affiliation » ou ma « réconciliation ». Il avoue, lui, m'avoir lu trop vite (c'est vrai), et même en avion, dit-il « *on my flight to Ljubljana* » [22], ce qui n'est pas une

22. Ce qu'il appelle lui-même une « *quick response* » à la conférence qu'il a lue dans l'avion, Ahmad n'a pas jugé utile d'y revenir après la lecture du livre (« *Lenghtier comment on the book I resisted* »). Ce qui m'autorise à prendre au sérieux ce qu'il prend lui-même assez au sérieux, malgré cette vitesse, et à tenir ses propos pour très réfléchis, même si cela m'est parfois difficile. Autres effets de précipitation et de contretemps parmi tant de marxistes ou parmi ceux qui sont, pour reprendre le mot de Ahmad « *generally known as marxists* ».

Gayatri Chakravorti Spivak, elle, ne parle même pas du temps qu'elle a mis à me lire (*Diacritics*, p. 65). Cette chronologie d'une accélération dans la lecture ou dans l'écriture caractériserait ainsi les marxistes qui ont coutume de me reprocher d'avoir été trop lent à parler de Marx ; c'est le cas de Eagleton, je viens de le citer, c'est aussi le cas de Spivak (par exemple, p. 66) et bien d'autres. Nous avons en effet, eux et moi, une pratique vraiment différente du temps et du contretemps. Nous ne faisons rien à la même vitesse, et c'est, je le dis sérieusement, la principale cause de tous ces malentendus. Nous ne décidons pas de la même façon des situations où il faut aller très vite et de celles où il faut au contraire prendre tout son temps : le plus de temps possible.

**Aijaz Ahmad** (« Reconciling Derrida : "Specters of Marx" and Deconstructive Politics », in *Ghostly Demarcations*, pp. 88-109) confie être

excuse pour se contenter de survoler un texte. Parmi ces effets de survol, il n'y a pas seulement l'impression hâtive d'un geste de « réconciliation » (mon livre est tout sauf cela, on le voit bien, et la réconciliation avec moi-même, à défaut d'une autre, ne m'a jamais été facile ; j'en ai une expérience douloureuse que je n'arriverai pas à communiquer aux lecteurs dont je parle à l'instant, mais dont je suis sûr qu'elle est en principe lisible dans tout ce que j'écris).

---

tombé par hasard dans les bureaux de la *New Left Review* sur une conférence de Derrida consacrée à Marx. Il avait auparavant étudié l'impact de la thèse de Fukuyama sur la fin de l'histoire, discours philosophiquement moins naïf selon lui que ne le penseraient certains déconstructionnistes, confiants dans la fin des métarécits. Tout en s'interrogeant sur ce qu'il appelle la « réconciliation » de Derrida avec Marx, Ahmad se demande s'il faut y voir une « anti-politique », dans la lignée de la célébration par Vaclav Havel du « pouvoir des sans-pouvoirs ».

Il voit chez Derrida un processus de réconciliation actif et non passif, faisant suite à quarante ans d'opposition à tout ce qui pouvait ressembler au marxisme de l'Union Soviétique. Mais pourquoi Derrida pleure-t-il, s'il n'a jamais été stalinien ? Il figure un Hamlet qui voudrait hériter du marxisme, lequel revêt lui-même à présent une forme fantomatique, dans une atmosphère de triomphalisme libéral sur fond de crise économique.

Derrida décrirait du reste fort bien le discours commun de la « classe politique », des média, des intellectuels et des universitaires au sein d'un même appareil de communication idéologique envahissant. Héritier du romantisme, de l'anarchisme, du surréalisme et d'une partie du libéralisme politique, il emploierait le ton de l'hymne, du sermon au vaincu, conjugué à un sens aigu de la nouvelle Europe qui émerge, inséparable d'une dénonciation des méfaits du néo-libéralisme. De même la conception néo-chrétienne de l'histoire défendue par Fukuyama est bien mise en évidence par Derrida. La promesse d'émancipation messianique prétendrait libérer le marxisme de son dogmatisme, mais l'usage de ce dernier terme vient justifier une excessive remise en cause des organisations qui se sont réclamées du marxisme. Parler de dogmatisme ou de domination en termes quasi nietszchéens ou avec la coloration benjaminienne de la mystique juive, ce serait faire fâcheusement l'économie des concepts de classe, d'idéologie et de superstructure. D'autant que l'appel de Derrida à une nouvelle Internationale semble ne rien retenir de ce qui a toujours fait une Internationale : classe, communauté, institution, co-citoyenneté. La formalité pure de cette Internationale indéterminée rappellerait par trop le langage des religions monothéistes. L'identification du « spectre » à l'esprit de Hamlet, comme la question de la dette envers Marx, nous rappellent plutôt à l'exigence de l'annulation de la dette du Tiers-monde. Enfin la déconstruction ferait preuve d'une approche des problèmes sociaux trop marquée par l'individualisme méthodologique. Cependant, un certain esprit de Derrida méritait d'être rejoint, sur le mode d'une solidarité déconstructive.

Je suis aussi choqué par une certaine précipitation à parler de *Spectres de Marx* ou de mon travail en général comme d'une simple espèce, un cas ou un exemple du « genre » *post-modernisme* ou *post-structuralisme*. Ce sont là des notions fourre-tout dans lesquelles l'opinion publique la moins informée (et le plus souvent la grande presse) range à peu près tout ce qu'elle n'aime pas ou ne comprend pas, à commencer par la « déconstruction ». Je ne me considère ni comme un post-structuraliste ni comme un post-moderniste. J'ai souvent expliqué pourquoi je ne me sers à peu près jamais de ces mots, sauf pour dire qu'ils sont inadéquats à ce que je tente de faire. Jamais je n'ai parlé, surtout pas pour les prendre à mon compte des « *announcements of the end of all metanarratives* ». Ahmad se contente donc d'un survol plus que routinier quand il écrit, à propos de ma critique de Fukuyama : « *The discussion would have been more fruitful had he offered reflections on the political and philosophical adjacencies between Fukuyama's end-of-history argument and the announcements of the end of all metanarratives that one finds routinely in the work of so many deconstructionnists* ». Confusion. Je ne sais pas à quel contexte et à quelle routine il est fait allusion. Mais je suis sûr qu'il n'y a aucun lien nécessaire entre les « déconstructions » que je connais ou que je pratique et ces « *announcements* ». Cette accusation est donc irrecevable. Je suppose que les « postmodernistes » (par exemple, Lyotard) qui se servent en effet du mot « *metanarrative* » (ce que je n'ai pas fait une fois dans ma vie, et pour cause) seraient aussi inquiets devant cet amalgame. On a même parfois, tout aussi injustement, accusé *au contraire* les « *deconstructionnists* », autre notion fourre-tout, de faiblesse pour les grands discours métanarratifs, les « grands récits » – par exemple, quand ils parlent parfois imprudemment, et cela m'est aussi arrivé par économie pédagogique, je m'en suis souvent expliqué ailleurs, de *la* métaphysique occidentale, de *la* métaphysique de la présence, etc.

Un mot encore sur Fukuyama. Et trois rappels, brièvement.

1. Je n'ai jamais cherché à rivaliser avec Perry Anderson dont je ne connaissais pas à l'époque le texte alors récent. Je n'ai pas cherché à être plus « original » (Eagleton) ou moins « conventionnel » (Ahmad) que Anderson dans la critique de Fukuyama. Je remarque au passage que les deux « marxistes » qui se montrent, dans ce volume, les plus enclins à la « *proprietoriality about Marx* », je dirais les plus *patrimoniaux*, sont aussi ceux qui commencent par défendre et protéger, comme s'il avait été contesté, le droit d'auteur, la priorité et le privilège du « premier » critique officiellement marxiste de Fukuyama : Perry Anderson.

2. Je n'ai pas proposé seulement une critique *interne* de Fukuyama. J'en ai désigné les effets contextuels et la logique politique qui a commandé la réception ou l'exploitation de son livre. Et si Perry Anderson, selon Ahmad, a eu le mérite de reconnaître « *what strenghts there were in Fukuyama's arguments* », je n'ai pas manqué pour ma part de reconnaître aussi que « ce livre n'est pas aussi mauvais ou aussi naïf que le laisserait croire une exploitation effrénée qui l'exhibe comme la plus belle vitrine idéologique du capitalisme vainqueur dans une démocratie libérale [...] » [23].

3. Quant à la problématique de la fin de l'histoire, etc., sans rien avoir contre la lecture de Anderson (depuis quand faudrait-il regretter toute convergence avec un marxiste ?), l'argumentation que j'ai proposée est, en gros et en détail, tissée dans le propos de mon livre – qui, vraiment, n'est pas andersonien, on en conviendra. Mon argumentation est reliée par tant de fils à des publications antérieures (les miennes, certes, que je n'ai pas rappelées – elles sont trop nombreuses pour que je mentionne ici autre chose que « *D'un ton apocalyptique...* » – mais surtout tant d'autres aussi, depuis les années cinquante !) que je n'ai pas ici le courage ni la place d'en reconstituer l'écheveau. Comme je devrai le faire, hélas, à plus d'une reprise, faute de temps et d'espace, je me contente d'inviter le lecteur intéressé à relire ces textes pour se faire un jugement, fût-ce quant à la spécificité de chaque argumenta-

23. *Spectres de Marx*, p. 98, tr. p. 56.

tion. Mais vraiment, je ne crois pas que, même si je l'avais lue à l'époque, la critique andersonienne de Fukuyama m'aurait convaincu de l'inutilité ou de la conventionnalité de la mienne. Le lecteur jugera.

Aijaz Ahmad a raison, me semble-t-il, de se demander : « *what* kind *of a text is it that Derrida has composed* ? » On manque tout de ce texte, en effet, si on n'y prend pas en compte la spécificité du geste, de l'écriture, de la composition, de la rhétorique, de l'adresse, en un mot de ce qu'un lecteur traditionnel et pressé aurait appelé sa forme, ou son ton, mais que je crois indissociable, moi, de son contenu. Aijaz Ahmad a encore raison quand, pour répondre à sa bonne question, il ajoute : « *We have, in other words, essentially a* performative *text*... » Oui, bien sûr. Mais je ne suis plus d'accord, bien entendu, quand il réduit cette performativité à une « *performance* », et surtout à la « *performance* » d'un « *literary text* », surtout quand cette dernière se voit à son tour réduite aux notions conventionnelles et confuses de « *form of rhetoric* », d'« affectivité », de « ton », etc. Qui oserait dénier qu'il y ait de la rhétorique, de l'affect et du ton dans *Spectres de Marx* ? Pas moi, mais je les revendique tout autrement ; et je les lie autrement à la performativité de l'analyse même. Aijaz Ahmad croit-il que son texte à lui est si atonal ? croit-il que ce qu'il écrit est pur de toute affectivité, de toute rhétorique et, puisque la chose semble aussi l'inquiéter, de tout geste de « filiation et d'affiliation » ? *Spectres de Marx* n'est pas seulement un texte qui, pas plus qu'aucun autre, ne peut effacer et ne peut renier toute filiation et affiliation. Il en assume plus d'une, au contraire, et s'en explique. Cette multiplicité change tout. Ce livre fait aussi autre chose qui peut paraître contradictoire et il s'explique sur cette contradiction. Oui, on peut articuler plusieurs gestes apparemment contradictoires, à la fois ou successivement, dans un même livre. Par exemple, je me réclame de Marx, mais il m'arrive aussi, ayant parlé « pour lui », de parler « contre lui » : dans le *même* livre et sans me douter que c'était interdit ! Et qu'il fallait choisir : être « pour » ou « contre » Marx, comme sur un bulletin de vote ! En se donnant expressément pour un livre sur l'héritage,

*Spectres de Marx* analyse aussi, interroge et disons pour faire vite « déconstruit » la loi de la filiation, en particulier de la filiation patrimoniale, de la lignée fils-père : d'où l'insistance sur Hamlet, bien que celle-ci se justifie aussi de bien d'autres façons. Cette insistance n'obéit pas seulement au goût pour la littérature ou pour le deuil, pas plus que l'intérêt de Marx pour Shakespeare ne transforme le *Capital* en œuvre littéraire. De cette filiation, j'ai à la fois marqué la loi, les effets et les risques éthico-politiques. Il faut faire une lecture bien naïve de *Spectres de Marx* pour y manquer toute l'analyse du phallogocentrisme paternaliste qui marque toutes les scènes de filiation (dans *Hamlet* et chez Karl Marx !). Les prémisses en sont trop anciennes, explicites et systématiques dans mon travail pour que j'aie ici à y revenir. Je me permets seulement de marquer que la question de la femme et de la différence sexuelle est au cœur de cette analyse de la filiation spectrale. Cette question de la différence sexuelle commande en particulier tout ce qui est dit, dans *Spectres de Marx*, de l'idéologie et du fétichisme. Si on suit par exemple cette piste, qui reconduit aussi à mes analyses du fétichisme, dans *Glas* et ailleurs, on aura tout un autre paysage de cette scène de filiation et de son interprétation, en particulier de la référence à Hamlet, au spectre paternel et à ce que j'appelle « l'effet de visière ». Je suggère à Aijaz Ahmad de relire les choses, après l'atterrissage, et il verra que mon geste n'est pas seulement un geste de filiation ou d'affiliation. Non, je ne revendique pas simplement l'héritage et encore moins l'exclusivité de l'héritage de Marx. En affirmant si souvent qu'il y a plus d'un spectre ou d'un esprit de Marx, je reconnais que les héritiers sont et doivent être aussi nombreux, parfois clandestins, et illégitimes, comme partout. En revanche, Aijaz Ahmad semble se plaindre, comme les « marxistes » et les « communistes » *supposés* légitimes, comme les fils *supposés* légitimes semblent se plaindre d'avoir été expropriés de leur patrimoine ou « *prioprietoriality* ». (Je souligne *supposés*, car en famille marxiste, comme ailleurs, la légitimité est toujours *supposée*, surtout quand il s'agit de filiation en général, et non seulement comme on le croit trop naïvement, y compris jusqu'à Freud et

Joyce, de la filiation paternelle comme « *legal fiction* » : car cette « fiction » est aussi vraie de la maternité, avant même qu'elle puisse être suppléée par une *surrogate mother*). De cette âpre revendication de légitimité filiale, on jugera au moins par le *ton*, comme Ahmad dirait lui-même, au moment où il déclare que j'ai tendance, moi, à m'identifier à Hamlet, à me « positionner » comme Hamlet, à m'identifier aussi bien à Hamlet qu'au « *Ghost* » ! voire à Marx lui-même [24] ! Comme si on ne pouvait pas lire et analyser de près une scène de filiation sans identification simple avec un personnage ! Là encore, je crains que cette tendance à me juger trop « littéraire » ne trahisse une expérience un peu naïve de ce qu'est la lecture, et la littérature, et la lecture d'un texte dit « poétique » ou « littéraire » [25]. Sur ce point non plus la leçon de Marx,

24. En bon détective, Ahmad croit pouvoir « *detect an identification* [*mine*] *with Hamlet* », mais il en détecte une autre : « *we detect a similar identification with the Ghost* » (p. 106), c'est-à-dire, car la chaîne de substitution, par définition, ne peut pas s'arrêter (c'est d'ailleurs son intérêt, et le nœud de la question) une identification avec Marx lui-même. Je m'identifierais ainsi à tous les pères possibles ! Et Ahmad n'aime pas ça.

25. Il n'y a rien de fortuit à ce que Eagleton fasse aussi de la littérature un grief, un chef d'accusation. De la façon la plus académique, la plus conservatrice, vraiment, il dénonce mon langage « poétique », un peu comme s'il ne fallait pas mêler les genres et les disciplines ou se tromper de département. Il est vrai que ce qu'il n'aime pas dans ma « poétique », c'est qu'elle soit « *portentous* ». Elle est « *portentous* » parce qu'elle se prête à la parodie. En effet. Je préfère laisser le lecteur juger. Je l'invite pour cela à relire ce qui précède et suit immédiatement l'accusation de « *portentous poeticizing* ». De surcroît, selon une tactique connue mais peu convaincante, Eagleton me reproche les « épigones » à qui il oppose « *the* maître *himself, who really is politically earnest and engaged, whose relevant contexts are Auschwitz and Algeria, Althusser, the ANC and Eastern Europe rather Ithaca and Irvine* [...] ».

Puis-je répondre à cette stratégie ? Je la trouve inadmissible même si Ahmad, lui, précise généreusement que je ne dois pas être tenu « *answerable* » pour ceux qui « *invoke* [*my*] *name* ». Cette stratégie est inadmissible non seulement parce que cette distinction entre « maître » et « épigone » m'est très suspecte (pour mille raisons dont certaines sont justement politiques), parce que je ne sais pas « qui » sont et ce que sont supposés dire et faire ces « épigones » qu'on accuse de tous les péchés dans la nuit, sans en nommer un ou une, et sans argumenter par un texte et une discussion rationnelle.

lecteur de Shakespeare, n'a pas toujours été bien entendue des « marxistes » ou de ceux qui sont « *generally known as marxists* » :

> « *His* [*mine*] *initial act of positioning himself within his own text* [je trouve déjà *chacun* de ces mots d'une irrelevance comique mais passons] *by enclosing his text between two quotations from* Hamlet, *which foreground the Ghost of the dead father* (*obvious reference to Derrida's* title – "Spectres of Marx" [là je suis d'accord, la référence est « *obvious* », je ne chercherai plus à la dissimuler désormais] – *as well as to the* theme *of the death of Marxism* [d'accord, bien que là les choses soient un peu moins simples, j'ose le dire, mais c'est à partir d'ici qu'cllc dcviennent graves] *and to his assertion that* he *and* his *deconstruction, not communists and those who are generally known as Marxists, are the true heirs of Marx, the dead father). Here is then, the opening quotation, with its own repetition of a key phrase* :
>
> *The time is out of joint*
> Hamlet
>
> Hamlet : ... *Sweare*
> Ghost [*beneath*] : *Sweare* [...] » [26]

---

Je dirais la même chose à Ahmad quand il attaque non pas les « épigones » mais les « *Derrideans* » (« *whatever other reservations I have about Derrida's work and influence – more about Derrideans, actually, than about himself –, I have never thought of him as a man of a Right* »). Merci. Lire la suite qui m'exonère d'avoir « sought *the company of the right-wingers* ». Le mot souligné par l'auteur laisse planer le soupçon que si je ne l'ai pas *cherchée*, cette compagnie, je pourrais l'avoir *trouvée*. À supposer que cela soit démontrable, il faudrait à la fois le démontrer, donc, le prouver, mais aussi assurer, dans le même mouvement qu'on échappe soi-même à cette « *company* » suspecte. Les deux tâches sont également difficiles. Partout, et en particulier dans l'université, bien des « marxistes » se trouvent en « compagnie » des forces les plus conservatrices. J'irai même plus loin que la « compagnie », je dirai l'« alliance » et parfois plus qu'« objective », comme on disait naguère.

26. *Ghostly Demarcations*, p. 91.

Bien entendu, je n'ai jamais affirmé que « moi » et « ma déconstruction » (!) étions les « *true heirs* » de Marx comme « père mort ». Je ne le pense pas. Et cela m'intéresse peu. Tout ce que je dis rend d'ailleurs l'expression de « *true heir* » irrelevante jusqu'au burlesque. Cette prétention est même l'objet, je dirais presque la cible du livre. En revanche, l'idée, l'hypothèse (en vérité le fantasme) d'une telle « assertion », d'une telle revendication (*being a true heir of Marx*) énerve visiblement Ahmad. Il veille jalousement sur l'héritage. Il dénonce d'avance toute revendication supposée d'héritage quand elle lui paraît venir de quelqu'un qu'il considère, lui, comme étranger à sa famille, à la filiation de ceux qu'il appelle tranquillement, s'y rangeant sans doute, je veux dire sans que le moindre doute l'effleure jamais à ce sujet, les « *communists and those who are generally known as Marxists* ». Le souci de filiation légitime, c'est un sentiment que j'ignore en moi. J'ai même appris à cultiver et à revendiquer mon indifférence à ce sujet, à en expliquer la « logique » et même à en faire une sorte de prémisse éthique et politique. Ce fantasme de filiation légitime (pères, fils et frères, etc. plutôt que mère, fille et sœur), le plus souvent je l'analyse, je l'interroge et le mets en crise, alors qu'il reste, au contraire, visiblement compulsif chez Ahmad et chez « *those who are generally known as Marxists* ». C'est évident quand il me critique mais aussi quand, sur l'indice d'un grand nombre de points d'accord sur lesquels je ne reviendrai pas [27], il dit « accepter » ce que je dis « *with a sense of comradeship* » [28]. Ce souci communautaire

27. Par exemple, Ahmad dit son accord avec moi sur ce qui tient ensemble « *the triple structure of political, mediatic and academic discourse* » (ce qui sous-entendait, selon moi, un accord difficile à délimiter : si on est vraiment d'accord sur cela, on doit l'être sur presque tout), p. 97. Ou sur le « *religious particularism* » (accord dont les prémisses mènent loin, elles aussi), p. 100.

28. Ahmad m'accorde donc sa grâce. Bien qu'il dise ailleurs qu'il ne s'agit pas à ses yeux d'une réconciliation de ma part « avec Marx », ni « du marxisme avec moi », Ahmad écrit, dans un geste de pardon : « *Much of what Derrida says on this account one can accept readily, with a sense of comradeship, the past acrimonies between Marxism and deconstructionism notwithstanding.* » (p. 101).

de réappropriation familiale, cette prétention jalouse à la « *prioprietoriality* », en ce domaine comme en d'autres, est l'objet même de mon travail : dans ce livre et dans tout ce que Ahmad, à qui je laisse la responsabilité de cette expression, appelle « *my* [*his*] *deconstruction* » depuis trente ans.

Pour penser, sinon pour s'élever au-dessus de toute « *proprietoriality* », camarades, encore un effort !

Je remercie Ahmad, certes, pour son « *sense of comradeship* », surtout quand (décidément), il me félicite pour ma « *very salutary affiliation with what he* [*I*] *call*[*s*] *a "certain spirit of Marxism"* ». Mais c'est alors de son côté, plutôt que du mien, que je sens un désir insatiable de bonne généalogie, de filiation légitime et de communauté quasi familiale : tous les fils légitimes de Marx, « *those who are generally known as Marxists* », unissez-vous comme de bons camarades, comme des frères de tous les pays ! S'il n'était pas notoire que Marx eut avec sa servante un fils bâtard (on en a fait une pièce en France, récemment en y inscrivant des morceaux de Shakespeare, de Marx et de *Spectres de Marx),* si je ne craignais que Eagleton ne se voie confirmé dans son verdict (encore une affaire de ton : « *The high humourlessness of Derrida's literary style – French "playfulness" is a notoriously high-toned affair – reflects a residual debt to*

---

Bien que je ne sache pas, et je le dis sérieusement, ce qu'est le déconstructionisme (sinon un fantasme journalistique), et qu'en tout cas je n'en parle jamais ni ne parle jamais en son nom, ni ne me sens représenté par cette « chose » (et je dirais la même chose pour le « *Marxism* » : qui représente le « marxisme » ?), malgré tous les efforts que je fais pour en chercher des signes, je n'ai aucun souvenir d'acrimonie, ni de ma part, ni de la part de ceux dont le travail est, d'une manière ou d'une autre, proche du mien. Il est vrai qu'on peut trouver à redire à tel ou tel texte d'un « marxiste », mais cela ne signifie pas acrimonie contre le marxisme.

Inversement, je reste, aujourd'hui encore, il me faut l'avouer, et d'ailleurs on le voit bien, assez insensible à tout « *sense of comradeship* ». Et si j'en avais le temps et la place, j'expliquerais pourquoi ce n'est pas de ma part un réflexe, surtout pas un réflexe de classe. Plutôt un acte réfléchi, une pensée de la politique de l'amitié ou de l'amitié en politique. Je suis donc très touché quand Ahmad conclut : « *We are glad to say, as he himself says, that he is one of us* ». Mais je reste très perplexe malgré mon émotion. « *One of us* » ? Où ai-je dit cela ? Qui, « nous » ?

*the academic world he has so courageously challenged.* »[29]), si enfin j'osais rappeler toute ma critique déconstructive de la « fraternité » dans *Politiques de l'amitié* – mais je ne le ferai surtout pas – je parlerais ici des *Marx brothers*. Si je le faisais, ce serait, plus sérieusement, parce que *Spectres de Marx* est aussi, comme *Politiques de l'amitié*, une sorte de critique du principe généalogique, d'un certain fraternalisme et des couples frères/frères autant que fils/père. L'hantologie de Marx lui-même, sa fascination apeurée devant ses propres spectres tourne souvent autour du frère (Stirner comme « mauvais frère » de Marx car « mauvais fils de Hegel »)[30]. A travers mes remerciements je dois dire, trop vite, hélas, ingrat que je suis, que je ne me sens d'accord avec à peu près rien de ce que dit Ahmad de tant de choses, avec tant d'insistance, et toujours pour m'en accuser ou soupçonner. Je vais devoir accélérer mon rythme si je veux qu'une réponse attentive ne couvre pas des centaines de pages (il le faudrait en effet, mais on ne me les donne pas).

1. Je ne me sens pas d'accord avec ce qu'il dit d'abord du « ton » de mon texte. Je ne crois pas qu'on ait le droit d'isoler ce dont il parle sous la catégorie confuse de *ton* (« *tone of religious suffering* », « *messianic tonal register* », « *quasi religious tone* », « *this* tone, *part sermon, part dirge* », « *virtually religious cadences* », etc.). Pour s'autoriser à isoler

29. « Marxism without Marxism » (in *Ghostly Demarcations*, p. 85). Avec la finesse de touche, la légèreté et l'élégance que tout le monde lui reconnaît, Eagleton croit faire sans doute de ce titre (« Marxism without Marxism ») un trait d'esprit, une flèche ironique, une critique incroyablement sarcastique : contre moi ou contre Blanchot, par exemple, qui dit souvent, et j'en ai beaucoup parlé par ailleurs, « X sans X ». Tout « bon marxiste » sait pourtant que rien n'est plus proche de Marx, fidèle à Marx, plus « Marx » qu'un « marxisme sans marxisme ». Doit-on rappeler ici que ce marxisme sans marxisme fut d'abord celui de Marx lui-même, si ce nom a un sens ?

30. *Spectres de Marx*, pp. 198-199, tr. p. 122. C'est l'un des nombreux arguments (décisif à mes yeux) que Hamacher a été le seul à relever et à prendre au sérieux (*Ghostly Demarcations*, p. 185). Il fait alors référence à ce passage qui, selon lui, est « *the only passage which strikes an explicitly autobiographical tone* ». J'en suis moins sûr que lui, mais peu importe, au fond. À quoi reconnaît-on d'ailleurs, un « ton explicitement autobiographique » ?

et à critiquer ainsi un ton, il faudrait avoir un concept un peu plus élaboré du ton, de son alliance avec le concept ou le sens, avec la performativité dont j'ai parlé plus haut pour la revendiquer et pour la questionner. Il faut surtout avoir, oserai-je le dire sans paraître offensant, une oreille plus fine pour les qualités différentielles, instables, mobiles d'un ton, par exemple ces valeurs tonales qui marquent l'ironie ou le jeu, même dans les moments les plus graves, et toujours là où le ton est justement indissociable du fond. Ahmad est aussi insensible que Eagleton aux variations de ton, par exemple à l'ironie ou à l'humour que j'aime à cultiver dans tous mes textes, sans exception. C'est son droit. Par définition, surtout en si peu de temps, je ne pourrai pas le convaincre ou changer son goût. Mais même si on perd quelque chose du sens en manquant le tremblement et la vibration différentielle d'un ton, il reste assez de sens dans les mots, les phrases, la logique et la syntaxe pour ne pas s'en autoriser à *tout* manquer. Car, par exemple, pour me servir seulement des mots de Ahmad lui-même, le « *virtually* » (« *virtually religious* ») et le « *quasi* » (« *quasi religious* »), à eux tout seuls, déjà, devraient changer beaucoup de choses, presque tout, dès lors qu'il y va dans le livre, d'un bout à l'autre, d'une distinction subtile mais indispensable. Laquelle ? La distinction entre *d'une part*, une certaine religiosité irréductible (celle qui commande un discours de la promesse et de la justice, de l'engagement révolutionnaire, et même chez les « *communists and those who are generally known as Marxists* », et en vérité partout où la messianicité – distinguée du messianisme selon une frontière précaire, qui vaut ce qu'elle vaut et sur laquelle je reviendrai, mais dont Ahmad ne peut ignorer qu'elle organise toute la logique du livre) – et *d'autre part*, la religion, les religions pour lesquelles j'ose croire que *Spectres de Marx*, comme tout ce que j'écris, ne montre aucune faiblesse (Ahmad semble le reconnaître [31]). On ne règle pas

31. « *Not the least refreshing aspect of this passage is Derrida's lucid sense that a certain narrow-minded religious particularism* [...] *is a*

ainsi la grande question de la religion et du religieux en accusant de façon un peu confuse un ton « quasi religieux ». On ne doit pas tenir la question religieuse pour claire et réglée aujourd'hui. On ne doit pas faire comme si on savait ce que c'est, le « religieux » ou le « quasi religieux » – surtout quand on veut être et se dire marxiste. Entre les deux il y a, mais oui, cette question de l'idéologie (irréductible, indestructible et irréductiblement soudée au religieux, selon Marx) sur laquelle je reviendrai aussi plus bas.

2. Je ne suis pas d'accord non plus avec ce que Ahmad avance si tranquillement de la métaphoricité dans *Spectres de Marx* (« *metaphor of mourning* », « *metaphorical language of "inheritance" and "promise of Marxism"* », « *the language of metaphor* » « *language of metaphoric indirection* », etc.). J'ai trop tenté de problématiser jadis le concept et la mise en œuvre du concept de métaphore (dans son rapport au concept, justement) pour me fier ici à la rhétorique d'Ahmad et à l'usage si dogmatique qu'il fait de ce mot (« *metaphor* », « *metaphorical* », « *metaphoric* »). Il y a sans doute dans tout travail du deuil un processus de métaphorisation (condensation ou déplacement, intériorisation ou introjection, donc identification avec le mort, renarcissisation, idéalisation, etc.). Mais les motifs du deuil, de l'héritage et de la promesse sont tout sauf seulement des « métaphores » au sens courant dans *Spectres de Marx*. Ce sont des foyers conceptuels ou théoriques, les thèmes organisateurs de toute la critique déconstructrice que je tente. Indissociables entre eux, ils commandent, entre autres choses, l'analyse du champ politico-fantasmatique de la scène mondiale après la prétendue fin du communisme et ladite « mort de Marx ». Ils me permettent aussi d'introduire de façon nécessaire des questions de type psychanalytique (celle du spectre ou du *phantasma* – qui signifie aussi *spectre* en grec) dans un champ politique – ce que les « marxistes » ont rarement réussi à faire de façon à mes yeux rigoureuse et convaincante. Cela supposait de ma part

*characteristic today not only of some Islamist countries but also of the West itself, capitalist Europe itself, in its moments of greatest triumph* » (p. 100).

une transformation de cette logique psychanalytique elle-même, justement au sujet du deuil, du narcissisme et du fétichisme. Je l'ai proposée ailleurs et ne peux m'y étendre ici [32].

3. Je ne suis pas d'accord avec Ahmad quand il parle de « *Derrida's refusal of class politics* ». Il y a là un grave malentendu. J'en suis sans doute en partie responsable et je voudrais m'en expliquer mieux que je ne l'ai fait jusqu'ici. Transitions, donc : il s'agit du concept de « transition », justement, et cela me servira de lieu de passage entre le texte de Ahmad et d'autres qui, dans ce volume, manifestent, sur des modes divers, quelque inquiétude quant à ce que j'aurais dit ou plutôt n'aurais pas dit des classes, du concept de classe ou de la lutte des classes. C'est le cas de Lewis [33]. De toute autre

32. *Cf.* « Freud et la scène de l'écriture », in *L'Écriture et la différence*, *Glas*, *Fors*, *La Carte postale*, *Résistances – de la psychanalyse* (notamment « être juste avec Freud »), etc.

33. Tom Lewis (« The Politics of "Hauntology" in Derrida's *Specters of Marx* », in *Ghostly Demarcations*, pp. 134-167) rappelle que beaucoup d'intellectuels ont vu dans la parution de *Spectres de Marx* le livre tant attendu sur les rapports entre le marxisme et la déconstruction. Réagissant à son tour aux commentaires émanant des marxistes unversitaires, Tom Lewis entend se situer entre Jameson et Ahmad. Derrida, à ses yeux, intervient dans le vide, à gauche, de l'après-guerre-froide, et préconise l'abandon du socialisme révolutionnaire.

Derrida se plaît à dire qu'il n'a jamais été marxiste. Mais sa célébration funèbre des corps morts du marxisme oblige à se demander comment il se situe par rapport à la tradition marxiste : car aucune comparaison entre les positions respectives des différents grands noms du marxisme ne vient perturber cet espace cérémonial. Reprenant les interrogations de Ahmad sur le deuil de Derrida après le triomphe du néo-libéralisme, Lewis signale aussi que l'Internationale derridienne ne peut être rapprochée des célèbres mots d'ordre sur la révolution permanente, la grève générale ou le parti bolchévique, sur lesquels il ne se prononce pas. Est-il vrai, comme le pensaient certains philosophes soviétiques, que la meilleure traduction de *perestroïka* était « déconstruction » ? L'hantologie pensée par Derrida, la spectropoétique qu'il développe à l'encontre de Marx et Engels, ne semblent pas concernées en tout cas par la rivalité entre les jeunes hégéliens à propos d'une nouvelle philosophie de l'histoire, que Marx voulait fonder sur des principes matérialistes. Si Derrida n'ignore pas complètement ces problèmes, il confère néanmoins une autonomie à la problématique de la spectralisation.

Relativisant l'importance de la notion de classe, Derrida n'accorderait pas assez de poids au fait que, malgré le bouleversement que les nouvelles technologies apportent dans les relations de production capitaliste, le nombre des

façon, c'est encore le cas de Jameson que Lewis invoque aussi car il situe nettement son effort critique à la suite de ceux de Ahmad et de Jameson dont les réponses à *Spectres de Marx* étaient déjà parues (dans *New Left Review*) quand Lewis écrivit la sienne. Pour tenter de répondre simultanément aux objections de Ahmad et de Lewis (car je ne considère pas les paragraphes que Jameson consacre à ces questions de « classe » comme des objections, je dirai pourquoi), je me

salariés de l'industrie n'a cessé de croître. Certes, le « travailleur » contemporain est multi-racial et multi-communautaire. Mais il ne faudrait pas perdre dans l'approche sérielle des oppressions culturelles, raciales, sexistes, la base structurale et unitaire du sujet de la classe des travailleurs. Le matérialisme des marxistes se retrouve dans cette transversalité de classe, et permet aussi d'éviter le mythe des sans-abris sans appartenance de classe, aussi bien que la position post-structuraliste qui idéalise les sans-abris, en en faisant un moteur du changement social. Il faut au contraire relier la cause des sans-abris à toutes les autres : la classe ouvrière reste centrale dans la lutte pour le socialisme. En outre, si les démocraties populaires de l'Est ont échoué, une explication marxiste de la dérive stalinienne des révolutions ne peut s'accommoder de la logique derridienne des conjurations impuissantes et fatales à l'égard des esprits. Une alternative à l'hantologie existe déjà : c'est celle du capitalisme d'État bureaucratique, hypothèse explicative qui permet de rendre compte du stalinisme. En revanche on ne peut expliquer l'instauration contre-révolutionnaire du capitalisme bureaucratique d'État en termes derridiens : à savoir par l'ontologie marxiste luttant contre les esprits au nom du présent vivant ou de la présence pleine de la réalité matérielle, en proie à une peur panique à l'égard des esprits que reproduit le processus du tout « marxiste » des sociétés totalitaires. Toutefois, en prenant acte de la nature du régime soviétique on s'explique mal la tonalité endeuillée de Derrida. Pour les marxistes il n'y a là rien à pleurer.

Tom Lewis revient pour finir sur la nécessité de s'appuyer sur la classe des travailleurs en tant qu'elle représente la seule base pour les individus, quelles que soient leur nationalité, leur identité culturelle, raciale ou sexuelle, qui permette d'agir à partir de leurs intérêts ouvriers communs. Or Derrida refuse l'idée que la classe ouvrière soit le moteur central de la transformation sociale. Il semble plutôt préconiser une voie réformiste du changement social. Mais les partis socialistes européens et le parti démocrate américain ont souvent reconduit les politiques libérales de coupes sombres dans les budgets sociaux, quand ils ne participaient pas à une racialisation des problèmes sociaux avec par exemple la politique d'aide sociale envers les noirs américains. Même s'il ne fait aucun doute que les propositions de Derrida pour une Nouvelle Internationale renouent avec les valeurs d'un réformisme authentique, c'est donc davantage avec les nouvelles formes de résistance ouvrière aux attaques du capitalisme qu'il faudrait désormais compter, c'est-à-dire avec la tradition du marxisme révolutionnaire plutôt qu'avec une politique de l'hantologie.

permettrai de citer une phrase que j'écrivis naguère puisque Lewis la met en exergue, comme si elle devait constituer la cible même d'une critique qui se développera en effet dans tout son sous-chapitre « *On class* » :

« *I felt that the concept of class struggle and even the identification of a social class were ruined by capitalist modernity* [...] *Thus any sentence in which "social class" appeared was a problematic sentence for me.* » [34]

Que disent d'abord ces deux phrases, ainsi brutalement extraites du contexte d'un entretien au cours duquel je décrivais mon rapport au projet althussérien – tel qu'il se développait aussi près que possible de moi, de mille façons, par les lieux et par l'amitié, dans les années soixante ? Ces deux phrases ne disaient pas que ce qu'on appelait ou appelle encore « classe sociale » n'a aucune existence à mes yeux et ne correspond à rien, à aucune force sociale qui donnerait lieu à des conflits, à des effets de domination, à des luttes, à des alliances, etc. Elles disaient très précisément que le principe d'identification de la classe sociale, tel qu'il est supposé par le concept de « lutte des classes » (sous-entendu, mais cela va de soi, par ce concept codé tel qu'il est promu par le discours marxiste dominant, celui des partis communistes – et je reviens plus loin sur la question du parti), ce principe et ce concept, donc, étaient devenus « problématiques » pour moi dans les phrases que j'entendais. (Je répète « *Thus any sentence in which "social class" appeared was a problematic sentence for me.* »). Si j'avais voulu dire qu'il n'y avait plus de classe sociale à mes yeux et que toute lutte à ce sujet était périmée, je l'aurais dit. J'ai seulement dit que le concept et le principe d'*identification* de la classe sociale tels qu'ils avaient cours dans le discours marxiste que j'entendais alors (dans les années soixante) étaient *problématiques* à mes yeux. Je souligne ce mot, « problématique », qui ne veut dire ni faux,

34. « Politics of Friendship », in *The Althusserian Legacy*, E. Ann Kaplan and Michael Sprinker (ed.), Verso, 1993, p. 204.

ni périmé, ni hors jeu, ni insignifiant, mais sujet à transformation, à réélaboration critique, là où une certaine modernité capitaliste en « ruine » le critère le plus sensible (par exemple, mais il faudrait y revenir longuement car tout se joue là, le concept de travail, de travailleur, de prolétariat, de mode de production, etc.). Je ne disais pas du tout, même dans cette interview improvisée, que je tenais le *problème* des classes pour un problème désuet ou sans pertinence. Je le disais et le pensais d'autant moins que, immédiatement après la phrase citée par Lewis, je précisais ceci (que Lewis, s'il a lu plus que trois lignes de mon texte aurait dû avoir la loyauté de citer) :

« *Thus any sentence in which "social class" appeared was a problematic sentence for me. For the reasons expressed earlier, I could not say this* in this form [je souligne aujourd'hui, en 1998 : « *in this form* », la forme des énoncés marxistes des années soixante] I believe in the gross existence of social classes [Je souligne encore, aujourd'hui, en 1998], *but the modernity of industrial societies (not to mention the Third World) cannot be approached, taken into account within a political strategy, starting off from a concept whose links are so loose. I had the impression I was still seeing models for sociological and political analysis inherited if not from the nineteenth, at least from the first half of the twentieth century* [...] I believe that an interest in what the concept of class struggle aimed at, an interest in analyzing conflicts in social forces, is still absolutely indispensable. [Je souligne encore, aujourd'hui, en 1998 ; cette phrase est-elle assez claire et univoque ? Puis-je demander à Lewis, mais aussi à Ahmad de la relire et de me croire quand je dis et répète cela ?] *But I am not sure that the concept of class, as* it's been inherited [Je souligne encore, en 1998], *is the best instrument for those activities*, unless it is considerably differentiated » [Je souligne encore, en 1998].

Je n'ose pas me citer davantage. J'invite seulement le lecteur intéressé à reconstituer tous ces contextes, en particulier toute la discussion [35] qui développe le passage ci-dessus en direction du concept de « dernière instance », de « surdétermination », d'appropriation et d'ex-appropriation (c'est la meilleure réponse que je puisse faire ici). Je l'invite aussi à reconstituer les contextes qui se déterminent encore, autour de ce foyer, dans *Spectres de Marx*. Il devrait être en tout cas assez clair que je prenais et prends très au sérieux l'existence de quelque « chose » comme ce que depuis Marx on appelle les classes sociales, que je prends au sérieux les luttes dont cette « chose » est le champ, le lieu, l'enjeu, la force motrice, etc. Et que, je le répète, je crois « l'intérêt » pour cette chose, pour cette lutte, mais aussi, donc, pour le progrès de l'analyse qu'on y ajuste, « indispensable ». Ce qui me paraissait alors problématique, c'est le caractère insuffisamment « différencié » du concept de classe sociale tel qu'il est « hérité ». Ce qui me paraissait alors problématique, surtout, je le répète, c'est le principe d'identification de la classe sociale et l'idée qu'une classe sociale est ce qu'elle est, homogène, présente et identique à elle-même comme « support ultime » [36]. Mais une certaine différence à soi, une certaine hétérogénéité de la force sociale ne me paraît pas incompatible, *au contraire*, avec le mouvement d'une lutte sociale. Quand, dans *Spectres de Marx*, je parle d'« héritage critique » [37], les questions sur ce « support ultime » et sur « l'identité à soi d'une classe sociale » non seulement n'excluent pas la lutte, les antagonismes, les rapports instables de domination mais se formulent *au contraire* par références à cette guerre pour l'hégémonie. J'écris par exemple (mais j'invite encore le lecteur intéressé à reconstituer le contexte de ces propositions) : « Nous nous fions en effet, au moins provisoirement, à cette forme d'analyse critique que nous avons héritée du marxisme : dans une situation donnée, et pourvu qu'elle soit déterminable, et déterminée comme celle d'un antagonisme socio-politique, une force hégémonique

35. Avec Michael Sprinker, *ibid.* p. 204 *sq.*

36. *Spectres de Marx*, p. 97. *Specters of Marx*, p. 55.

37. *Ibid.*, p. 95.

paraît toujours représentée par une rhétorique et par une idéologie dominante, quels que soient les conflits de forces, la contradiction principale ou les contradictions secondaires, les surdéterminations ou les relais qui peuvent ensuite compliquer ce schéma [...] ». C'est là ma question, mon souci principal : ce que je trouve « problématique » concerne d'abord ce qui vient en effet « compliquer ce schéma ». Et bien sûr, je le reconnais, cette « complication » va selon moi très loin. Elle peut aller jusqu'à « suspecter la simple opposition du dominant et du dominé, voire la détermination ultime des forces en conflit, voire, plus radicalement, que la force soit toujours plus forte que la faiblesse [...]. Héritage critique : on peut ainsi, par exemple, parler de discours *dominant* ou de représentations et d'idées *dominantes*, et se référer ainsi à un champ conflictuel hiérarchisé sans nécessairement souscrire au concept de classe sociale par lequel Marx a si souvent déterminé, en particulier dans *L'Idéologie allemande*, les forces qui se disputent l'hégémonie [...]. On peut continuer à parler de domination dans un champ de forces en suspendant non seulement la référence à ce *support ultime que serait l'identité et l'identité à soi d'une classe sociale* [Je souligne, aujourd'hui, en 1998 pour bien marquer que ce qui me paraît problématique, ce n'est pas quelque chose comme « la » classe sociale, mais bien ce qu'on lui attribue le plus souvent dans une certaine tradition marxiste dominante : le statut ou la place de « support ultime » et « l'identité comme identité à soi »], mais même en suspendant le crédit accordé à ce que Marx appelle l'idée, la détermination de la superstructure comme idée, représentation idéologique, voire la forme discursive de la représentation. D'autant plus que le concept d'idée implique cette irréductible genèse du spectral que nous projetons de ré-examiner ici. »

Ce qui tient à ce programme, dans *Spectres de Marx*, n'a pas retenu l'attention de ceux qui me reprochent ici, injustement, je le crois, de prendre au moins à la légère le problème des classes et des luttes de classes. Le passage que je viens de citer (comme bien d'autres aussi) s'inscrit clairement dans une logique ouverte à toutes les « surdéterminations » (en ce sens, au moins provisoirement cohérente avec un propos marxiste – par exemple althussérien), mais qui « complique aussi ce schéma » et, sans cesser de prendre en compte les formations de classe et les luttes de classes, va jusqu'à remettre sur le chantier, dans la « lutte des classes », le rapport entre la force et la faiblesse, entre le travail, la production, l'économique et l'« idéologique ».

Peut-être ma faute est-elle de ne pas connaître tous les travaux marxistes qui élaboreraient un *nouveau* concept de classe et de lutte des classes en intégrant mieux les nouvelles donnes de la « modernité » techno-scientifico-capitaliste de la société mondiale. J'avoue ne pas en connaître qui, sur ce point précis, m'aient paru convaincants, bien que j'aie tenu à saluer plus d'une fois les travaux récents de théoriciens marxistes qui ne se laissaient pas décourager, dans leurs analyses et dans leurs engagements, par un climat historique peu favorable. Ce dont je suis sûr, en tout cas, c'est que les marxistes à qui j'ai ici à répondre et qui objectent à ce que je dis ou ne dis pas des classes et de la lutte des classes ne mettent en avant, eux, aucun nouveau concept. À l'exception de Jameson dont, j'y reviens sans tarder, je ne reçois pas du tout les remarques à ce sujet comme des objections. Avant d'y venir, qu'il me soit permis de préciser ceci, qui devrait aller de soi mais semble avoir échappé à la lecture précipitée et un peu globale de Ahmad et de Lewis. Chaque fois que j'ai parlé de la Nouvelle Internationale, dans *Spectres de Marx*, soulignant alors que la solidarité ou l'alliance ne devait pas y dépendre, fondamentalement et en dernière analyse, d'une appartenance de classe, cela ne signifiait en rien à mes yeux la disparition des « classes » ou l'atténuation des conflits liés à des différences ou à des oppositions de « classe » (ou du moins de ces nouvelles figures de forces sociales pour lesquelles je crois qu'en effet de nouveaux concepts, et donc, peut-être de nouveaux noms sont nécessaires). Ce que je dis de la Nouvelle Internationale (qui, j'y reviendrai aussi, est déjà un fait, et n'a rien d'abstrait ou d'utopique, n'est ni démobilisé ni démobilisateur, au contraire) suppose aussi peu la suppression de ces rapports de force et de domination sociale que la fin de la citoyenneté, des communautés nationales, des partis et des patries. Il s'agit simplement, traversant les différences et les oppositions de forces sociales (de ce qu'on appelait en simplifiant les « classes »), d'une autre dimension de l'analyse et de l'engagement politique. Je ne dirai pas qu'une telle dimension (par exemple, celle des classes sociales, nationales ou internationales, des luttes politiques à l'intérieur d'un État-nation, des problèmes de nationalité et de citoyenneté, de la stratégie des partis, etc.) est supérieure ou inférieure, prioritaire ou secondaire, fondamentale ou non. Tout cela dépend *à chaque instant* d'une nouvelle évaluation des urgences, des implications structurelles, et d'abord des situations *singulières*. Pour une telle évaluation, il n'existe, par définition, aucun critère préalable, aucune calculabilité absolue, l'analyse *doit être* recommencée chaque jour en chaque lieu, sans être jamais assurée par un savoir préalable : c'est à cette condition, à la condition de cette injonction qu'il y a, s'il y en a, de l'action, de la décision et de la responsabilité politique – de la repolitisation. L'« indécidable » n'a jamais été pour moi le contraire de la décision, c'est la condition de la décision, là où celle-ci ne se déduit pas d'un savoir comme on le ferait dans une machine à calculer. D'ailleurs, je ne parle nulle part d'une Nouvelle Internationale qui se « *declares itself without class* », comme le dit Lewis, ou « *in the absence of class considerations* ». Je dis précisément, au terme d'un long développement que je ne peux citer ici mais que je demande au lecteur intéressé de relire, que l'alliance ou le « lien » qui forme cette Internationale peut se nouer, qu'il se noue en fait « sans appartenance commune à une classe »[38]. Cela n'a rien à voir avec une « *absence of class considerations* », avec une ignorance ou une neutralisation de ce qu'on appelait une classe, en tout cas les intérêts de forces sociales et économiques pour lesquelles des analyses plus raffinées me paraissent nécessaires. Si j'ai tort, du point de vue du savoir ou de l'action politiques, si on pense que toute Internationale est faite, doit être faite d'une « *common belonging to a class* »,

38. *Ibid.*, p. 142, tr. p. 85.

qu'on le dise et le démontre (ce que ne font ni Ahmad ni Lewis) au lieu d'anathémiser dogmatiquement tout discours qui ne tient pas pour acquis ou sacré le code traditionnel de la « lutte des classes ». Une autre confusion de Lewis consiste à croire pouvoir reconnaître dans ce que je dis de la Nouvelle Internationale « *an abstract concern with human rights* ». Or outre que même si c'était aussi simplement le cas, Lewis est obligé de reconnaître qu'il n'y a rien là d'anti-marxiste (« *a commitment*, dit-il, [*a commitment to human rights*] *that in its concrete forms is not antithetical to classical marxism, but which revolutionary marxists insist is unrealizable short of revolution, and which is properly "undecidable" in the absence of class considerations* »), il se trouve que quelques lignes plus haut que cette allusion à la « *common belonging* to *a class* », j'apportais une précision qui aura, comme c'est trop souvent le cas, échappé à la lecture impressionniste et lacunaire de ceux qui ont intérêt à transformer mon propos en un formalisme abstrait, insensible aux déterminations sociales (sans parler de leur confusion au sujet de ce que j'appelle « l'indécidable »). J'écrivais en effet : « Une "nouvelle Internationale" se cherche à travers ces crises du droit international, elle dénonce déjà les limites d'un discours sur les droits de l'homme qui restera inadéquat, parfois hypocrite, en tout cas *formel* [Je souligne aujourd'hui, en 1998, le plus signifiant des nombreux traits qui semblent avoir échappé à l'attention de Lewis, en particulier quand il parle de « *abstract concerns with human rights* »] et inconséquent avec lui-même tant que la loi du marché, la "dette extérieure", l'inégalité du développement techno-scientifique, militaire et économique maintiendront une inégalité effective aussi monstrueuse que celle qui prévaut aujourd'hui, plus que jamais, dans l'histoire de l'humanité. Car il faut le crier, au moment où certains osent néo-évangéliser au nom de l'idéal d'une démocratie libérale enfin parvenue à elle-même comme à l'idéal de l'histoire humaine : jamais la violence, l'inégalité, l'exclusion, la famine et donc l'oppression économique n'ont affecté autant d'êtres humains, dans l'histoire de la terre et de l'humanité. »[39]

Et je suis si peu confiant dans le concept abstrait des « droits de l'homme » que le même développement mettra en question, un peu plus bas, au moins à titre programmatique, mais sur une ligne qui fut celle de mon travail depuis longtemps, le concept métaphysique d'homme, justement, qui se trouve au centre de ces « droits de l'homme » (en particulier par opposition au concept aussi « abstrait » de l'animal).

Enfin, décidant de laisser de telles remarques sans réponses, je laisse encore le lecteur juge de la rhétorique et de la bonne foi de Lewis quand il en vient à écrire, dans le même élan : « *Derrida's International further asserts the desirability of cross-class alliances (bosses alongside workers) ; its call to membership is addressed most of all to intellectuals – preferably other deconstructionists* »[40]. Même en campagne électorale, au XIXe siècle, un candidat démagogue n'aurait pas osé céder à ce style d'imprécation. En tout cas, il n'aurait pas eu l'audace de présenter cela comme un argument dans une discussion. J'en dirais de même, sans y répondre et la discuter tant elle est grossière et démagogiquement polémique, pour une accusation ridicule du genre « *it may also surprise many deconstructionists* [qui ? lesquels ?] *to learn that the death Derrida mourns is not Marxism's but rather that of a particular regime of state capitalism* [seule définition valide du bolchévisme stalinien pour Lewis]. *For Marxists, there is nothing to mourn* » (Ah bon, vraiment ?)[41].

J'en suis bien d'accord : les « déconstructionnistes » (lesquels au juste ?) et bien d'autres risquent en effet d'être surpris d'apprendre un jour, de la bouche de Lewis, que je porte le deuil du stalinisme. Seront-ils moins surpris d'apprendre que Lewis, lui, n'en porte aucun ? Et puisque j'en suis à si-

39. *Spectres de Marx*, p. 141.
40. Lewis, *op. cit.* p. 149.
41. *Ibid.*, p. 157.

gnaler ce que je ne prendrai pas le temps de discuter dans le texte de Lewis, en voici au moins une première liste.

1. L'allégation selon laquelle j'aurais critiqué une « *deficiency of morality in Marxism by equating Leninism and Fascist totalitarianism* »[42]. Je ne l'ai jamais fait nulle part, et on ne trouvera nulle part aucune trace de cette « équation » dans mon texte – ce qui ne veut pas dire que je tienne le léninisme pour irréprochable et innocent de tout « totalitarisme ».

2. La définition, cent fois récurrente, de mon travail comme « *post-modernist* ». C'est une grossière erreur dont j'ai parlé plus haut. Elle s'aggrave ici de l'identification entre « post-modernisme, post-structuralisme » et critique du « métanarratif »[43].

3. L'allégation selon laquelle j'aurais prétendu que « *the working class is shrinking in terms of absolute numbers on a world-wide scale* »[44]. Je ne l'ai jamais pensé. Je n'ai jamais dit, de même, que « *classical marxism cannot account for the homeless as a group, excludes them, and ignores their revolutionary potential* »[45]. J'ai plutôt le sentiment, dans ces moments, que Lewis trouve compulsivement un intérêt à me prendre pour le dernier représentant diabolique, l'incarnation totale de toutes les objections réelles ou potentielles qu'on peut adresser, justifiées ou non, au marxisme ! Il faudrait plutôt s'inquiéter d'une raréfaction de la critique et de la discussion – et se demander pourquoi les objecteurs même viennent à manquer dans ce domaine.

4. Dire que j'ai cherché à « *discredit* revolution both as a political strategy for the present and as a social aspiration for *the future* » est une grossière contre-vérité. À je ne sais combien de reprises (si nombreuses que je n'ai même pas le temps d'en chercher les références, dans *Spectres de Marx* et ailleurs), j'ai marqué le mot de révolution d'une valeur posi-

42. *Ibid.*, p. 162, n. 15.
43. *Ibid.*, p. 144.
44. *Ibid.*, p. 150.
45. *Ibid.*, p. 152.

tive, affirmative, même si la figure et l'imagerie traditionnelles de la révolution me paraissent appeler quelques « complications... ». Tout ce que je mets sous le titre de « messianicité » « sans messianisme » est impensable sans référence à des moments *révolutionnaires* qui interrompent non seulement un état de conservation mais même un processus de réforme (j'y insiste puisque Lewis me présente souvent comme un « réformiste » – ce que je puis être aussi, j'en conviens, dans certains contextes donnés, refusant de choisir abstraitement entre deux allégories, la Réforme et la Révolution). C'est assez dire que j'ai bien du mal à reconnaître quoi que ce soit de ce que je suis et fais dans des diagnostics du type : « *Pessimism about the willingness and the ability of the working class to fights for a better society account for a great deal of the kind of postmodern theorizing SM contains* » [46]. Le discours sur la messianicité, si on veut bien l'entendre, n'incline ni au passé ni à la passivité. Je pourrais montrer qu'il est fondamentalement *optimiste* si en effet je ne trouvais cette catégorie ici aussi triviale et peu intéressante que celle de *pessimisme*. J'y reviens d'un mot plus loin. Sur les catégories de « post-modernité » et sur la « *working class* », je me suis déjà expliqué.

5. Jamais je n'ai dit que, pour citer la formulation de Lewis, « *Marxism leads inevitably to the gulag insofar as Marxism seeks to materialize its critical spirit in a real society* »[47]. Si je pensais cela, je l'aurais dit. Mais alors, comment aurais-je pu écrire *Spectres de Marx* ? Il reste, et c'est tout le contraire à mes yeux, que je suis tenté de croire, en effet, qu'un certain « marxisme », un prétendu ou soi-disant « marxisme », un pseudo-marxisme n'a pas pu éviter le goulag. Mais ce n'est pas parce qu'il aurait cherché à « *materialize its critical spirit in a real society* ». Au contraire ! C'est précisément pour *ne pas* l'avoir fait, pour n'avoir pas suffisamment matérialisé « *its critical spirit in a*

46. *Ibid.*, p. 157.
47. *Ibid.*, p. 153.

*real society* ». Il est vrai que je ne consacre pas d'analyse spécifique à ce qu'on pourrait appeler d'un mot faible l'« échec » soviétique, bolchévique, léniniste ou stalinien. Ce n'était pas l'objet de mon livre et je reconnais que je n'en suis pas encore capable. Je n'ai rien lu à ce jour de satisfaisant à mes yeux sur ce terrible sujet. Je remercie Lewis pour la bibliographie qu'il me fournit à cet égard (car il ne fait pas autre chose que de résumer ainsi une vague doxographie, en nous renvoyant à la formule de Boukharine : « *Telegraphically stated, Stalinism* is *the doctrine of "socialism in one country"* »). Tout dépend ensuite de la manière dont on lie et déploie le télégramme. À lui seul, il est bien pauvre. Lewis n'en dit rien de convaincant. Si je comprends bien certaines de ses indications, il s'agirait d'un raffinement (par Cliff, par exemple) de l'interprétation trotskyste : la dégénérescence d'un État des travailleurs n'aurait été due, en réalité, qu'à un remplacement de la bourgeoisie par une bureaucratie. Celle-ci aurait joué le même rôle que la bourgeoisie dans le processus d'accumulation et la production de plus-value. Peut-être. Puisque c'est Lewis qui parle du goulag, il faudrait voir comment cette substitution d'une bureaucratie à une bourgeoisie peut à elle seule en rendre compte (j'en doute), et surtout si notre rôle doit être ici, devant le goulag, de « rendre compte ». Il faut sans doute élaborer et mobiliser ici une autre problématique. Laquelle ? par exemple celle qui, articulant psychanalyse et politique d'une nouvelle façon – ce que ne font aucun de ceux qui me répondent dans ce livre-ci –, prend en compte l'expérience de la mort et du deuil, et donc de la spectralisation. (Dois-je rappeler que mon livre va dans cette direction ?). Cela serait nécessaire aussi bien du côté des assassinats politiques et du goulag que de ce qu'on appelle si vite la bureaucratisation, précisément. Je crains que le concept de bureaucratie, dont on a usé et abusé, ne soit un fantôme bien abstrait, dont on ne peut d'ailleurs analyser, selon moi, la possibilité, et précisément l'abstraction fantomale qui la constitue sans une théorie sérieuse, aiguë et différenciée des effets de spectralité. Lewis ne dit rien de concret, au reste, au-delà de l'injuste accusation lancée contre moi et du propos qu'il me prête sans preuve (ou ai-je dit, alors que je ne le pense pas, que « *Marxism leads inevitably to the gulag insofar as Marxism seeks to materialize its critical spirit in a real society* » ?) ; il se contente de renvoyer à un travail fait ailleurs (« *It is impossible*, dit-il, *to do justice to the richness of the theory of bureaucratic state capitalism in this space* » [...] « *I am aware that a number of important questions and issues remain after the incomplete summary I have offered of how the theory of "bureaucratic state capitalism" explain the rise of Stalinism. It is not possible on this occasion, however, to pursue other matters such as* [...] » [48] – suivent toutes sortes de vrais problèmes qui sont laissés intouchés).

Je ne veux pas abuser de tous ces alibis, *postponements* et évitements de Lewis, mais je voudrais préciser deux points : 1. *d'une part*, la *richesse* supposée d'une théorie (*concesso non dato)* n'implique pas nécessairement sa pertinence ou sa suffisance ; 2. et *d'autre part*, les choses étant énoncées à ce degré de schématisme programmatique, je trouve amusant qu'on s'en satisfasse pour me reprocher, à moi, de rester « métaphysique » (« *But enough has been indicated to allow the tenor of the theory to emerge and to know that we stand here a far remove from Derrida's metaphysical view of the Bolsheviks'eventual failure* »).

Bien entendu, *et tout le problème est là*, pourrait-on dire, je ne trouve pas seulement ce programme et cet alibi (cette théorie alléguée de la bureaucratie d'ailleurs si pauvrement évoquée par Lewis) fort abstraits, schématiques et *métaphysiques* sous la forme où ils sont présentés. Je ne crois pas seulement que tout ce qu'on pourrait dire d'intéressant au sujet de la bureaucratie et du capitalisme d'État (et je ne doute pas que d'autres puissent dire, ailleurs, des choses intéressantes et utiles, certes, – mais l'article de Lewis n'en livre que le squelette exsangue et peu convaincant), suppose une pensée de la « spectralité », cette « hantologie », précisément dont j'indique la direction dans *Spectres de Marx*. Je crois surtout que

48. *Ghostly Demarcations*, p. 154-157.

l'hantologie dont je parle est tout sauf « métaphysique » et « abstraite », comme semblent l'impliquer, à tort et pour n'avoir pas lu ou voulu me lire, *tous* les auteurs de ce livre-ci à l'exception de Hamacher, et peut-être de Montag qui, dans un essai clairvoyant avec lequel je me sens presque toujours d'accord, note bien que « *to speak of specters, the lexicon of ontology is insufficient* » [49].

Car immédiatement après avoir dénoncé « *Derrida's metaphysical view of the Bolsheviks' eventual failure* », Lewis parle, comme pour l'illustrer, de cette « hantologie » qui ne signifie pour lui qu'abstraction et métaphysique. Or j'y reviendrai, bien sûr, mais qu'on me permette de dire déjà ici, de façon principielle et massive, qu'à mes yeux, la logique spectrale à laquelle je recours dans *Spectres de Marx* et ailleurs n'est pas métaphysique mais « déconstructive ». Elle est nécessaire pour rendre compte des processus et des effets de métaphysicalisation, si je puis dire, d'abstraction, d'idéalisation, d'idéologisation et de fétichisation. (Jameson rappelle d'ailleurs fort justement que j'ai toujours « *consistently demonstrated the impossibility of avoiding the metaphysical* » [p. 80]). Car aucun marxiste sérieux ne peut hausser les épaules devant, par exemple, l'abstraction, comme si ce n'était rien. Ni d'ailleurs devant la « métaphysique » en tant qu'abstraction. La bureaucratisation, par exemple, est aussi un phénomène d'abstraction et de spectralisation. Ce que j'ai lu et appris chez Marx, c'est aussi cela : qu'il faut rendre compte de la possibilité du processus d'abstraction. Marx a passé sa vie à analyser la possibilité de l'abstraction, dans tous les domaines. Et il nous a appris, entre autres choses, qu'il ne faut pas hausser les épaules devant l'abstraction comme si ce n'était rien (« rien que ça »), l'inconsistance de l'imaginaire, etc. Dois-je répéter que mon livre est aussi une critique de l'abstraction ? En citant de nouveau, parmi tant d'autres passages analogues de *Spectres de Marx*, celui que je rappelais plus haut à l'attention distraite de Spivak [« C'est plutôt une certaine affirmation émancipatoire et *messianique*,

49. Montag, *op. cit.*, p. 71.

une certaine expérience de la promesse qu'on peut tenter de libérer de toute dogmatique et même de toute détermination métaphysico-religieuse, de tout *messianisme*. Et une promesse doit promettre d'être tenue, c'est-à-dire de ne pas rester "spirituelle" ou "abstraite", mais de produire des événements, de nouvelles formes d'action, de pratique, d'organisation, etc. Rompre avec la "forme parti" ou avec telle ou telle forme d'État ou d'Internationale, cela ne signifie pas renoncer à toute forme d'organisation pratique ou efficace. C'est exactement le contraire qui nous importe ici. »[50]], je préciserai ceci : je trouve chez Ahmad, Lewis ou Eagleton plus d'« abstraction métaphysique », plus de « mauvaise » abstraction, d'abstraction démobilisante et dépolitisante que chez moi ; et même, pour reprendre le mot amusant de Lewis, je trouve plus de « pessimisme » chez les marxistes qui voudraient reproduire les formes d'organisation actuelles et désuètes de l'État, du Parti et de l'Internationale. Il est vrai que cette opposition triviale du pessimisme et de l'optimisme, telle qu'elle est mise en œuvre par Lewis, j'avoue que je me sens bien impuissant pour la prendre au sérieux : la messianicité dont je parle, comme « l'expérience de l'impossible »[51] qui se trouve en son cœur, c'est cette étrange alliance de « pessimisme » et d'« optimisme » qu'on trouve, me semble-t-il, au fond de toutes les approches sérieuses et révolutionnaires de la chose politique. Et comme alors on peut aussi bien dire « optimisme » que « pessimisme », je me sers peu de ces pseudo-catégories.

Au point où j'en suis de ces réponses, il est peut-être temps de situer, dans la remarquable réponse de Jameson[52],

---

50. *Spectres de Marx*, pp. 146-7, tr. p. 89.

51. *Ibid.*, tr. fr. p. 89 et *passim*.

52. Fredric Jameson, « Marx's Purloined Letter », in *Ghostly Demarcations*, pp. 26-67. (Traduction française dans l'ouvrage collectif *Marx après les marxismes*, L'Harmattan, 1997).

**Fredric Jameson** voit dans l'élaboration du concept de spectralité un infléchissement dans la pensée de Derrida : la déconstruction prend un tour plus ouvertement politique. Il ne s'agit cependant pas tant pour lui de savoir si la relation de Derrida à Marx a changé, mais de déterminer si son travail de pensée et d'écriture s'est modifié depuis ses débuts, comme a pu évoluer en son temps la pensée de Marx.

Tentant de rendre compte de la stratégie argumentative de Derrida, Jameson dégage une figure inspirée de Benjamin qui est celle de la constellation, faisant suite à « l'accumulation primitive du texte dans l'œuvre de Derrida ». Il s'agirait en fait d'une configuration sans développement ou évolution de type narratif et qui tournerait autour du fantôme. Ainsi Jameson donne une perspective qui se veut nouvelle sur les premiers textes de Derrida en se convainquant qu'une certaine forme de la spectralité y était déjà à l'œuvre.

On s'efforçait alors, de toutes parts (que ce soit dans le groupe *Tel Quel*, chez les althussériens ou chez Heidegger et Derrida), de lutter contre la réification du langage métaphysique. Les uns en parlant d'« idéologie », les autres de « métaphysique », à quoi Althusser aurait opposé la surdétermination et Derrida l'écriture.

C'est ainsi que l'« esthétique » derridienne propose selon Jameson de déplacer les « problèmes-formes » pour décrire les dilemmes philosophiques, où un renouvellement des systèmes qui rendent les concepts pensables permettrait le surgissement de nouveaux concepts. Et cette démarche apparaîtrait d'autant plus précieuse après l'échec de mai 68, et la démarxisation qui en a découlé, qu'elle renoue avec la question de « la faible force messianique » sur le plan théorique. L'approche de Derrida consistera ainsi à éviter les propositions affirmatives susceptibles de répéter les présupposés philosophiques traditionnels. Mais, pour éviter également l'éclatement de son projet critique, Derrida emprunte à Heidegger le méta-récit unitaire de l'histoire de la philosophie, et ce faisant, son geste peut paraître moins radical que celui de Rorty qui veut anéantir l'histoire autonome de la philosophie. Resterait également à poser la question des rapports entre matérialisme et spectralité. Tout comme le marxisme ne saurait être une philosophie (car son unité pratique-théorique l'en empêche), et *a fortiori* une philosophie matérialiste, la déconstruction n'est pas non plus une philosophie, et, partant, il ne saurait y avoir un marxisme déconstructif entendu comme philosophie. Ceci d'autant plus que toutes les philosophies matérialistes relèvent d'une ontologie qui présuppose encore trop l'idée d'une base sûre à la pensée. La spectralité s'oppose donc à ces matérialismes divers ainsi qu'à des ontologies existentialistes qui, à l'instar du sens commun, accordent une trop grande confiance au présent vivant. En outre l'« hantologie » derridienne nous découvre qui sont les vrais fantômes d'aujourd'hui, car les vies détruites des hommes contemporains dans le capitalisme mondialisé donnent un nouveau sens au ressentiment et à la jalousie légendaire des fantômes à l'égard des vivants. Cependant, si Marx semble si obsédé par les fantômes, comme l'a montré Derrida, c'est peut-être parce qu'il est plus sensible à l'héritage menaçant du ressentiment de classe des morts de toutes les époques passées. C'est l'hypothèse que fait Jameson, lui qui voit dans la spectralité marxiste une malveillance des morts et du passé plus lourde de menace vengeresse que dans le modèle shakespearien.

Et si Heidegger à son tour victime d'un « fantasme » historiciste de révolution conservatrice devient peut-être le fantôme du père pour Derrida, ce dernier ne se contente pas non plus de dénoncer simplement le modèle historiciste et téléologique que l'on reproche à nombre de marxistes malgré les efforts d'Althusser pour s'en libérer : le fantasme spectral d'une révolution, qu'elle soit nationale-socialiste, libérale ou ultra-gauchiste demanderait, nous dit Jameson, pour qu'émerge un autre genre de pensée, « une théorisation de l'allégorie comme pensée de l'image ». Ainsi l'événement fantomatique comme tel qui trouble la pensée de l'événement appelle derechef une pensée de l'impur. Il y a une perversion originaire, une spectralisation originaire aussi bien, du sens originaire que la phénoménologie de Husserl a tenté de reconstituer. La phénoménologie comme telle semble inséparable aux yeux de Derrida d'une logique spectrale, et si la phénomonologie est spectrale et spectralisante, elle manifeste par là le besoin déjà présent chez Marx de réalités premières, de présence pleine et donc de quelque chose comme la valeur d'usage. Une autre incertitude se fait jour autour de la notion de classe. Ce concept fondamental de tous les marxismes n'a pourtant rien de simpliste et de compact. L'intériorisation des menaces de classe par la classe dirigeante, ainsi que l'incorporation par la classe subalterne des modèles de domination offrent des mouvements d'auto-déconstruction, déconstruction agissant autant à l'intérieur de l'imaginaire social que dans la réalité sociale de tout mode de production. Ces lectures des agencements de classe correspondent à des grilles allégoriques. Il y a un fantôme de l'autre classe, car la classe est hantée par des formes d'incorporation de la classe opposée, jeu complexe et allégorique. C'est une hantologie de classe, une lutte de classe allégorique.

Le concept de spectralité permettrait en outre de lutter contre l'idéologie de l'esprit, et de repenser à nouveaux frais la composante religieuse du concept d'idéologie. Jameson propose de réinscrire les différentes interprétations de la religion dans une analyse des formes de figuration au sens d'une figuration littérale des contenus réifiés de l'interprétation, qui permet à la fois de mettre en évidence le caractère inéluctable du fantasmagorique dans l'expérience humaine, et de comprendre l'origine nostalgique de la croyance en la valeur d'usage, alors qu'une société totalement sécularisée n'a jamais vu le jour. Derrida s'intéresserait selon lui en fait à la dynamique de l'abstraction, c'est-à-dire à la manière dont les idées abstraites sont remplacées par des corps réels. Chez Stirner les pensées avaient pris une forme corporelle, elles étaient devenues des fantômes, mais chez Marx la tentative de conjuration systématique qui constitue une entité encore plus imaginaire, visait aussi à circonvenir plutôt qu'à traverser ce qui est fantasmé et en même temps espéré. En effet, cette histoire, nous apprend Derrida, reste commandée par les paradoxes du narcissisme et du travail du deuil. Marx recherche dans la production elle-même une réalité intacte pré-fantomatique ou post-spectrale.

Mais annoncer la fin de la spectralité, ce serait reconduire une politique de l'apocalypse et non une politique messianique. D'autant plus que la spectralité est quotidienne, elle « désempare le présent et le réel sans plus attirer la moindre attention ». Les événements virtuels et virtualisés relèvent d'une déconstruction machinique et machinale qui ne distingue plus le vivant du non-vivant jusqu'à laisser cette « lettre volée de Marx », appel à une autre justice et à une autre démocratie, voilée par l'excès même de son évidence.

certains lieux de discussion, d'accord et de désaccord. Et d'abord sur les deux thèmes que je viens de rappeler : les classes sociales et le messianique.

Les classes : bien que Lewis en appelle à Jameson contre moi, je ne prends pas du tout ce que dit Jameson à ce sujet [53] pour une critique de ce que j'avance. Car je me sens ici fondamentalement d'accord avec lui, et en tous cas je m'oriente dans la même direction que lui, même si je ne souscris pas dans le détail de la lettre à tout ce qu'il dit (et qu'on relira, car je ne peux le citer trop longuement ici) autour de cette proposition : « *As for class, however, merely mentioned in passing as one of those traditional features of Marxism that can be jettisoned en route by any truly post-contemporary Marxism – "this ultimate support that would be the identity and the self-identity of a social class"* [*SM*, p. 55, éd. fr. p. 97] – *it seems to me appropriate to take this opportunity to show how this very widespread conception of class is itself a kind of caricature. It is certain that – even along Marxists – the denunciation of the concept of class has become an obligatory gesture today* [...] ».

Je me sens très proche de lui quand il écrit plus loin : « *And this is of course exactly the gesture I will myself reproduce here, by reminding you that class itself is not at all this simple-minded and unmixed concept in the first place, not at all a primary building block of the most obvious and orthodox ontologies* [je note au passage, pour y revenir plus loin, que c'est cette ontologie-ci et l'ontologisation en général qui gêne, comme moi, Jameson, et le distingue de tous ceux qui m'opposent plus ou moins directement une ontologie, un ontologisme, en particulier et surtout Negri] *but rather in its concrete moments something a good deal more complex, internally conflicted and reflexive than any of those stereotypes* [...] ».

53. *New Left Review* n° 209, p. 92 *sq*.

C'est seulement à ces stéréotypes que je m'en prends [54], et ils sont plus répandus dans les discours de type marxiste que Jameson ne semble le croire ou faire semblant de le croire. Il n'insisterait pas autant, autrement, sur tous ces risques. Et je souscris à ce qu'il écrit avant et après cette citation, comme à toutes les indications qu'il donne de ces complexités et conflictualités, sans être sûr toutefois de comprendre et de pouvoir accepter, donc, le mot d'« allégorie » qu'il utilise ensuite à plusieurs reprises et qui appellerait sans doute des précisions et un débat dont l'ampleur serait ici démesurée [55] (voir toute la fin du sous-chapitre intitulé «*Undermining the Unmixed*» où nous sommes visiblement très proches, comme nous le sommes sur bien d'autres points [56]).

54. C'est pourquoi, au moment où il me paraît nécessaire de compliquer certains des « stéréotypes » justement dénoncés par Jameson, j'insiste sur une transformation en cours des concepts et de la problématique, tout en saluant certains travaux, comme ceux de Balibar. Voir à ce sujet la longue note de *Spectres de Marx* p.116 (tr. p.181, n.8), en particulier pour ce qui concerne le « matérialisme dialectique » et les concepts de « transition » et de « non-contemporanéité ». Tout ce que je dis ici s'inscrit dans cet espace historique et théorique de la « transition », comme je le suggérais plus haut. Et d'une transition dont le concept est plus difficile à penser, dans sa spécificité irréductible, qu'on ne le croit en général.

55. « *The point to be made, however, is not that all such class mappings are arbitrary and somehow subjective, but that they are inevitable allegorical grids through which we necessarily read the world* [voir toute la suite jusqu'à la réapparition du mot « *allegorical* »]. *Class categories are therefore not at all examples of the proper or of the autonomous and pure, the self-sufficient operations of origins defined by so-called class affiliation : nothing is more complexly allegorical than the play of class connotations across the whole width and breadth of the social field, particularly today* » (*Ghostly Demarcations*, p. 49). C'est parce que, sous réserve de ce que veut dire ici « allégorique », je me sens proche de ce qu'affirme Jameson, parce que je suis sensible à cette « complexité », que je suis si prudent et réservé, si avare de références à la « classe sociale », si soucieux de définir une Internationale qui ne dépende plus d'une classification ou de connotations aussi problématiques, « *particularly today* » comme dit justement Jameson. Ayant dit mon accord avec lui, j'aimerais bien savoir ce que pense de l'argumentation de Jameson ceux à qui je viens de répondre, notamment Ahmad et Lewis.

56. Par exemple, sur la lecture de mon travail aux États-Unis (« [...] *Derrida's own philosophical moves have to be grasped as ideological or rather anti-ideological tactics, and not merely as the abstract philosophical*

Si je reste réservé et indécis quant au mot « allégorie » auquel Jameson fait jouer un rôle si important dans le contexte que je viens d'évoquer, je récuserai fermement les mot d'« esthétique » d'une part, et d'« utopie », d'« *Utopianism* » ou de « *utopian* » d'autre part, pour caractériser mon travail.

A. S'agissant de l'*esthétique*, motif sur lequel Jameson insiste massivement [57] et d'autant plus gravement que, malentendu encore plus malheureux, il inscrit la référence à la spectralité sous cette « *umbrella* », j'aurais trop à dire sur les raisons pour lesquelles je juge cette catégorie inadéquate. Je me limiterai provisoirement à trois points : 1. Que j'y réussisse ou non, tout ce que j'écris tend à démontrer que même là où il ne pose aucune thèse philosophique, et s'en défend expressément, même là où il questionne et la thèse, la position (*Setzung*), et le thème ou le système philosophique, mon discours n'est pas pour autant une affirmation esthétique (exposée et vulnérable, d'ailleurs, aux mêmes questions : une valeur ou une évaluation dans ce domaine est une « position », et mes gestes sont tout sauf formalistes ou dogmatiques à l'égard de la valeur de forme ou de goût). C'est encore moins l'affirmation d'une esthétique « minimaliste » (et cet « encore moins », si j'ose dire, n'est pas une surenchère « minimaliste »). 2. Il ne suffit pas de questionner l'idée de « systématicité » en philosophie (le système n'est qu'une forme, d'ailleurs tardive dans l'histoire de la philosophie, de la cohérence ou de la « *consistency* ») pour se réfugier dans l'esthétique ou les « *personal aesthetic tastes* ». J'ai multiplié les gestes « déconstructifs » à l'égard des catégories traditionnelles de « système » aussi bien que d'« esthétique ». 3. Quand Jameson écrit « *What saves the day here is the central formal role of the heideggerian problematic, which assigns a minimal narrative to the entire project* », ou que l'esthétisme

---

*discussions as which these texts cross the ocean and become translated here.* ») et sur ce qui distingue ma trajectoire de celle de Paul de Man (*ibid.*, pp. 50-51).

57. *Ghostly Demarcations*, spécialement pp. 32-36.

de Rorty (avec lequel en effet je ne suis pas du tout, mais pas du tout d'accord, surtout quand il inspire son interprétation de mon travail) est plus radical, en tant qu'esthétisme, que le mien parce que je m'arrange « *to rescue the discipline secretly in this backdoor Heideggerian manner...* etc. », je rappellerai simplement que ma méfiance à l'égard de ce « *minimal narrative* » et de l'axiomatique heideggerienne a été souvent marquée, insistante, lisible. Partout. J'ai même l'inavouable prétention de penser que parmi les lecteurs attentifs de Heidegger (je ne sais pas s'il y en a beaucoup, mais j'essaie d'en être), je n'en connais pas de plus réticent que moi à cet égard. Je ne me laisserai donc pas enfermer dans l'alternative « esthétisme/heideggerianisme ». J'espère qu'il y a d'autres voies et ce sont celles qui m'ont toujours attiré.

J'ajoute une précision qui pourrait me rapprocher encore de Jameson sur ce point. Peut-être n'est-il pas néanmoins sans intérêt et sans pertinence de parler d'une « esthétique » de mes textes ; peut-être que « *it makes sense to talk about something like an "aesthetic"* [entre guillemets, n'est-ce pas, Jameson y met des guillemets] *of the Derridean text* ». Peut-être peut-on écrire des choses, voire des thèses pertinentes, voire intéressantes sur ce point. Mais alors je répondrai seulement ceci, à Jameson mais aussi à tous ceux – ils sont nombreux – qui, dans ce livre-ci, croient pouvoir « ré-esthétiser » les choses, réduire les concepts (par exemple, celui de « spectre ») à des figures de rhétorique ou mes démonstrations à des recherches littéraires et à des effets de style : rien de ce qui m'importe ou surtout peut importer dans la discussion en cours (et depuis que mes textes ont pu s'exposer ou s'engager dans la discussion, justement) ne peut s'y réduire ni se laisser éclairer par cette approche « esthétique ». Même si ma protestation, ici, ne suffisait pas contre cette allégation (et souvent ce soupçon accusateur) d'esthétique ou d'esthétisme, même si le témoignage de tout ce que j'ai écrit à ce sujet ne suffisait pas davantage à désarmer cette interprétation critique, qu'il me soit permis de me contenter d'un argument aussi massif que celui-ci : le nombre, la durée, parfois la violence des discussions qui accueillent ces textes donnent à penser que l'enjeu n'est pas d'ordre esthétique, encore moins de quelque minimalisme esthétique. Il s'agit de savoir comment on écrit et argumente, quelles sont à cet égard les normes (en particulier les normes académiques) ; cette question est tout sauf « esthétique » ; elle est en particulier et peut-être surtout « politique ».

B. Rien ne paraît plus étranger à l'utopie ou à l'*Utopianism*, même sous sa forme « *subterranean* » [58] que la messianicité et la spectralité qui sont au cœur de *Spectres de Marx*. Jameson traduit régulièrement, à de nombreuses reprises, tout ce que je dis du « messianique » en « *Utopianism* ». Comme je crois que le malentendu est ici au moins double, une seule phrase de Jameson me permettra d'identifier deux points de désaccord, l'un sur la messianicité elle-même, l'autre sur la tradition apparemment benjaminienne de ce concept. Jameson écrit par exemple : « [...] *indeed we will later on want to see in* Specters of Marx *the overt expression of a persistent if generally subterranean Utopianism, which he himself (shunning that word) will prefer to call "a weak messianic power" following Benjamin* » [59]. Ce qu'il faut en fait expliquer, en premier lieu, c'est justement la raison pour laquelle j'ai voulu délibérément « éviter » (« *shun* ») le mot d'utopie. La messianicité (que je tiens pour une structure universelle de l'expérience et qui ne se réduit à aucun messianisme religieux) est tout sauf utopique : elle est, dans tout ici maintenant, la référence à la venue de l'événement le plus concret et le plus réel, c'est-à-dire à l'altérité la plus irréductiblement hétérogène. Rien n'est plus « réaliste » et plus « immédiat » que cette appréhension messianique tendue vers l'événement de (ce) qui vient. Je dis « appréhension » parce que cette expérience tendue vers l'événement est à la fois une attente sans attente (préparation active, anticipation sur le fond d'un horizon, mais aussi exposition sans horizon, et donc une composition irréductible de désir et

58. *Ibid.*, p. 33.
59. *Ibid.*

d'angoisse, d'affirmation et de peur, de promesse et de menace).

Bien qu'il y ait là une attente, une limite apparemment passive de l'anticipation (je ne peux pas tout calculer, prévoir et programmer de ce qui vient, du futur en général, etc., et cette limite de la calculabilité ou du savoir est aussi, pour un être fini, la condition de la praxis, de la décision, de l'action, de la responsabilité), cette exposition à l'événement qui peut arriver ou ne pas arriver (condition de l'altérité absolue) est inséparable d'une promesse et d'une injonction qui commandent de s'engager sans attendre, interdisent en vérité de s'en abstenir. Même si la formulation que j'en donne ici paraît abstraite (précisément parce que c'est là une structure universelle du rapport à l'événement, à l'altérité réelle de [ce] qui vient, une pensée de l'événement « avant » ou indépendamment de toute ontologie), c'est là l'urgence la plus concrète, la plus révolutionnaire aussi. *Tout sauf utopique*, elle commande *ici maintenant* l'interruption du cours ordinaire des choses, du temps et de l'histoire ; elle est inséparable d'une affirmation de l'altérité et de la justice. Comment cette messianicité inconditionnelle *doit* ensuite négocier ses conditions dans telle ou telle situation pratique singulière, c'est là le lieu d'une analyse et d'une évaluation, donc d'une responsabilité. Celles-ci sont à réexaminer à chaque instant, à la veille et dans le cours de chaque événement. Mais que cela doive se faire et se faire sans attendre, voilà une inéluctabilité dont l'impératif, toujours ici maintenant, de façon singulière, ne peut en aucun cas céder à l'utopie, du moins à ce que signifient la lettre et l'interprétation courante de ce mot. On ne pourrait d'ailleurs même pas rendre compte de la possibilité d'une utopie en général sans référence à ce que j'appelle messianicité.

Cette pensée *non utopique* de la messianicité n'appartient pas non plus, pas vraiment, pas essentiellement, à la tradition benjaminienne que Jameson et Hamacher ont certes raison de rappeler – mais ils vont peut-être un peu vite quand ils y reconduisent ou réduisent mon propos. (Je l'ai aussi évoquée, cette tradition benjaminienne, dans une note [60]. Mais j'y parle autant de différences que de consonances : « *consonant* [...] *despite many differences* [...] »). Car je ne crois pas, comme le font Jameson et Hamacher, eux, que la continuité entre le motif benjaminien et ce que je tente soit déterminante – et surtout suffisante pour rendre compte de ce qui se passe ici. Il ne faut pas trop se presser de reconnaître et d'identifier. À supposer d'ailleurs que le propos de Benjamin soit assez clair et identifiable en lui-même pour qu'on puisse lui identifier autre chose. Cet écart possible au regard de Benjamin, je ne l'évoque pas pour revendiquer quelque originalité personnelle, mais pour préciser au moins, à titre programmatique, quelques points.

1. La référence au messianisme juif me paraît constitutive dans le texte de Benjamin auquel je me suis référé. Et apparemment ineffaçable. Cette apparence peut être trompeuse, je ne l'exclus pas, mais alors un travail considérable serait nécessaire pour dissocier de tout judaïsme cette allusion benjaminienne à une « force messianique », fût-elle « faible ». Ou pour dissocier une certaine tradition juive de toute figure ou représentation courante du messianisme, telle qu'elle peut prévaloir non seulement dans la *doxa* courante mais parfois même dans les orthodoxies les plus cultivées. Peut-être ce que je tente va-t-il dans cette direction. Je n'en suis pas sûr. Car en principe, l'usage que je fais du mot « messianique » n'est pas du tout lié à telle ou telle tradition messian*iste*. C'est pourquoi je parle précisément de « messianicité *sans* messianisme ». Et c'est pourquoi, s'il m'est permis d'insister sur la lettre de cette petite phrase, j'ai écrit : « Le paragraphe suivant nomme le messianisme ou, plus précisément, messianique sans messianisme, une "*faible* force messianique" (*eine* schwache *messianische Kraft*, Benjamin souligne) ». L'incise, « messianique sans messianisme », c'est bien entendu *ma* formu-

60. *Spectres de Marx*, p. 95, tr. pp. 180-181, n. 2. Qu'on me permette de rappeler que cette longue note reste prudente, toute entière suspendue à la relecture, à venir, de ces pages « denses, énigmatiques, brûlantes » (p. 96).

lation, non celle de Benjamin. Il ne s'agit donc pas d'une apposition, d'une traduction ou d'une équivalence, mais de l'orientation *et* de la *rupture* que je voudrais marquer : une tendance *de* l'affaiblissement *à* l'annulation, du « faible » au « sans » – et donc l'asymptote, *seulement l'asymptote* d'un rapprochement *possible* entre l'idée de Benjamin et celle que je voudrais proposer. Entre « faible » et « sans », il y a un saut – et peut-être un saut infini. Une messianicité *sans* messianisme n'est pas un messianisme affaibli, une force diminuée de l'attente messianique. C'est une autre structure, une structure de l'existence que je tente de prendre en compte moins par référence à des traditions religieuses qu'à des possibilités dont je voudrais poursuivre, raffiner, compliquer *et* contester l'analyse, par exemple celle qu'en donnent une théorie des *speech acts* ou une phénoménologie de l'existence (dans la double tradition husserlienne et heideggerienne) : *d'une part*, la prise en compte d'une expérience paradoxale du performatif de la promesse (mais aussi de la menace au cœur de la promesse) qui organise *tout speech act*, tout autre performatif et même toute expérience pré-verbale du rapport à l'autre ; *d'autre part*, et au croisement de cette promesse menaçante, la prise en compte de l'horizon d'attente qui informe notre rapport au temps – à l'événement, à ce qui arrive, à l'arrivant et à l'autre ; mais, cette fois, il s'agirait d'une attente *sans* attente, d'une attente dont l'horizon est en quelque sorte crevé par l'événement (attendu *sans* être attendu), l'attente d'un événement, d'un « arrivant » qui, pour « arriver », doit déborder et surprendre toute anticipation déterminante. Pas de futur, pas d'avenir, pas d'autre autrement : pas d'événement digne de ce nom, pas de révolution. Pas de justice. Au *croisement*, mais aussi à *l'encontre* de ces deux styles de pensée (*speech act theory* et onto-phénoménologie de l'existence temporelle ou historique), l'interprétation du messianique que je propose ne ressemble pas beaucoup, on en conviendra peut-être, à celle de Benjamin. Elle *n*'a plus *aucun* rapport essentiel avec ce que nous pouvons entendre par messianisme, c'est-à-dire au moins deux choses : d'une part, la mémoire d'une révélation historique déterminée, qu'elle soit juive ou judéo-chrétienne, et, d'autre part, une figure relativement déterminée du messie. La messianicité *sans* messianisme exclut, dans la pureté de sa structure même, ces deux conditions. Non qu'il faille, selon moi, les rejeter, non qu'il faille nécessairement dénigrer ou détruire les figures historiques du messianisme, mais elles ne sont possibles que sur le fond universel et quasi transcendantal de cette structure du « *sans* messianisme ».

Tout semble donc revenir ici, soit dit en passant, à l'interprétation et à la « logique » du petit mot « sans ». Je m'en suis longuement expliqué ailleurs [61], notamment à propos et dans le sillage de Blanchot. On sait l'usage apparemment paradoxal que celui-ci fait de cette préposition, « sans », parfois entre deux homonymes et quasi synonymes, entre deux homonymes dont la synonymie est interrompue au cœur même de l'analogie qui allie leurs significations (la mort *sans* mort, le rapport *sans* rapport, etc.) ; « sans » n'indique pas nécessairement la négativité, encore moins l'annihilation. Si cette préposition effectue une certaine abstraction, c'est aussi pour rendre compte des effets nécessaires d'abstraction, de l'abstraction du *il y a*, de l'abstraction qu'*il y a*. J'avais d'abord imaginé que je pourrais organiser toutes ces « réponses » (réponses sans réponse, bien sûr) en les ordonnant à une analyse de « sans » – et de l'usage qu'en font la plupart des auteurs. Certains d'entre eux sont sûrs de pouvoir en user tranquillement comme d'une arme polémique contre moi (Eagleton, toujours triomphant, pense sans doute soulever les applaudissements, le rire ou l'ire de la foule en dénonçant, dès son titre, un « *Marxism without Marxism* » ! Mais oui, mais oui, c'est exactement ça ! je confirme et signe). D'autres, de façon sympathique, cette fois, intelligente et sérieuse, s'inquiètent, comme le fait légitimement Macherey, par exemple, d'un « *dematerialized Marx* » : « *Marx* without *social classes*, without *the exploitation of labor*, without *surplus-value* [...] » (Je souligne). Il a raison d'en conclure qu'un tel Marx « *risks, in fact, no longer being anything but his*

61. *Cf.* « Pas », in *Parages*, Galilée, 1985.

*own ghost* ». Mais il est plus imprudent d'impliquer, évidemment, qu'un « ghost » n'est rien, que c'est moins que rien, sans aucune matérialité, sans aucun corps, une pure apparence illusoire – et de penser que les vrais et bons marxistes se sont débarrassés de tout « *ghost* » et de toute spectralité. Cela revient une fois de plus à cette logique spectrale que certains de mes lecteurs, dans ce volume, veulent à tout prix, de façon si classique, exorciser, conjurer, dénier, ignorer[62]. Il va de soi que si un fantôme n'est qu'un

62. Ce n'est évidemment pas le cas de Hamacher. Ce n'est pas davantage le cas de Warren Montag dont la remarquable analyse prend au sérieux « the distinction between spirit and specter » (*Ghostly Demarcations* p. 77). Le geste de Macherey est plus déconcertant. Bien qu'il qualifie mon livre d'« œuvre d'art » (compliment évidemment ambigu qui risque de devenir la dénonciation d'un style ou d'une rhétorique – dénonciation à laquelle j'ai répondu plus haut), il concède que dans les textes de Marx, tels que je les relis, la « *reference to specters intervenes not only as a figure of rhetorical style but as a determination of those texts'content of thought* » (*ibid.*, p. 18). Mais alors pourquoi ne pas prendre en compte, par la suite et pour conclure, la résistance que le concept de spectralité oppose à toute réduction au statut d'apparence immatérielle ? Pourquoi opposer sur ce point ma démarche à celle de Balibar qui, tout en prenant au sérieux l'apparaître de l'apparence, dirait « *the same something* » que moi, mais « *in an inverted way, from the perspective of a Marx one could call "rematerialized", which restores to the "appearences" of ideology their weight of reality, instead of denying every appearence of reality to reality, according to the profound inspiration that underlies the enterprise of a deconstruction* » (*ibid.*, p. 24).

Il va presque sans dire que cette définition de « l'inspiration profonde de la déconstruction » me paraît massivement erronée et gratuite. Il y aurait évidemment beaucoup trop à dire sur les mots de corps, de réalité, de matérialité, d'apparaître (*Erscheinung*) ou d'apparence (*Schein*) ici mis en jeu. Mais, vraiment, si par spectre j'avais simplement voulu dire apparence sans réalité et sans matérialité, j'aurais vraiment perdu et fait perdre beaucoup de temps pour rien. Le spectre (qui n'est pas l'esprit, simplement) est tout sauf rien, tout sauf incorporel et tout sauf une simple apparence. Tout mon livre peut être lu comme une longue réponse à cette objection. Pour une entrée plus aiguë dans ce problème qui ne se laisse pas circonscrire, on me permettra de renvoyer notamment au ch. V, « Apparition de l'inapparent », à toutes ses notes, et en particulier à la note 2, p. 215 sur *phantasma* et *phainesthai*.

Je suis reconnaissant à Jameson de n'avoir pas haussé les épaules devant la spectralité comme si ce n'était rien, même s'il la réduit pourtant à la « *non self-sufficiency of the living present* » – qu'elle suppose en effet mais à laquelle elle est loin de s'identifier.

fantôme et rien de plus, rien de plus que rien, rien de rien, alors mon livre ne mérite pas une seconde d'attention (ce qu'il ne faut jamais exclure, et je serais le dernier à le faire). Mais il faudrait en dire autant de toutes les possibilités qui ont quelque chose en commun avec ladite spectralité, qui pourtant ne se réduit pas à elles (l'idéologie, le fétichisme, la

---

**Pierre Macherey** « Marx Dematerialized, or the Spirit of Derrida », in *Ghostly Demarcations*, pp. 17-25. Article publié pour la première fois dans la revue *Europe*, n° 780, avril 1994, sous le titre « Marx dématérialisé ou l'esprit de Derrida », et repris dans Pierre Macherey, *Histoires de dinosaure*, Puf, 1999, et dans Jacques Bidet et Eustache Kouvélakis, *Dictionnaire Marx contemporain*, Puf, 2001.

Pierre Macherey salue la virtuosité de *Spectres de Marx*. L'héritage spectral du père, l'histoire du retour des revenants au sein de l'héritage marxiste, suppose bien selon lui un travail précis de différenciation des multiples figures fantomatiques connotées par le double génitif (objectif et subjectif) de ce titre. L'interprétation derridienne permettrait de souligner que l'idéalité dans l'idéologique implique l'irréductibilité de la dimension spectrale et abolit le platonisme encore inhérent à la séparation chez Marx d'une infrastructure matérielle et d'une superstructure idéelle. La matérialité de l'idée à laquelle donne droit cette science de l'esprit ou hantologie que promeut Derrida0 autoriserait une logique de l'apparition de l'inapparent, et une contamination du matériel et du spirituel. La spéculation idéale devient à ce compte un cercle spéculaire où la copie prend la place du modèle. Hegel, le premier, avait pensé une négativité susceptible de hanter l'ontologie de l'être-posé. Mais la tradition qui se voulait démystificatrice des spectres spéculatifs culmine avec Marx pour qui il s'agissait déjà de naviguer entre ontologie et hantologie, de penser une économie spectrale et religieuse avec sa division brouillée et renversée entre l'être suprasensible et ses images sensibles.

La Chose de l'économie n'est ni vivante ni morte, et sa survivance de mort-vivant appartient à une machinerie théâtrale rusée : la *mekhanè* de la Chose montre un monde qui devient son propre spectacle. Marx s'est ingénié à éviter l'image de l'image elle-même, comme si l'image risquait de sembler plus réelle que le réel. Ayant montré que la valeur d'usage est déjà hantée par le spectral de la valeur d'échange, il a cependant maintenu l'opposition stricte entre marchandise spectrale et valeur d'usage réelle. Étienne Balibar dirait à sa façon la même chose que Derrida, à savoir que le fétichisme est premier, qu'il est l'apparaissant en acte, à la fois leurre et phénomène, indispensable à la relation sociale marchande. Mais Balibar s'efforcerait de rematérialiser Marx, alors que l'interprétation derridienne tendrait en revanche à dé-matérialiser. Derrida se situe à la fois en dehors de la tradition althussérienne qui croyait se déprendre de toute téléologie messianique, et en dehors de la théologie facilement déconstructible des anti-marxistes. Mais en témoignant d'une promesse de justice indéconstructible, il se situerait lui-même dans le prolongement d'un certain « esprit », avatar peut-être du *cogito* cartésien.

valeur – d'échange ou d'usage –, le langage, tout ce que produit un travail du deuil, une négativité, une idéalisation, une abstraction, une virtualisation, etc.). Puisque j'en suis à citer l'allusion au « sans classe », je rappelle d'un mot ce que j'ai déjà répondu à Lewis qui s'inquiétait aussi d'une Internationale « *without* class » et qui dans la phrase « *without coordination, without party, without country..., without co-citizenship*, without common belonging to a class » ne souligne que « without common belonging to a class » : il ne s'agit pas d'éliminer ou de dénier les appartenances de classe, pas plus que la citoyenneté ou le parti, mais d'en appeler à une Internationale dont le fondement ou le ressort essentiels ne seraient pas la classe, le parti ou la citoyenneté. Ce qui ne veut pas dire qu'il ne faille pas en tenir compte. Et aussi rigoureusement que possible, selon les contextes déterminés. D'ailleurs, s'il s'inquiète du « sans classe », pourquoi Lewis ne s'inquiète-t-il pas du « *without citizenship* » ? Parce qu'il serait ridicule de s'étonner qu'une Internationale (et même la vieille Internationale) se constitue en effet « sans » référence à la citoyenneté. Le « sans » n'a rien de négatif et n'impliquerait en rien que les citoyens qui s'engagent dans cette Internationale cessent d'être aussi, par ailleurs, des citoyens, et tiennent alors le compte qu'il faut de leur citoyenneté propre. On peut en dire de même pour le parti et pour la classe, même au moment où le « parti » et la « classe » cessent d'être la référence majeure ou le paradigme déterminant (ce que je crois en effet, aujourd'hui, et qui me sépare sans doute de Lewis et de quelques autres « marxistes » – non de *tous* les « marxistes »). Tout cela est assez difficile pour n'avoir rien à voir avec cette « troisième voie » que la vieille rhétorique de certains marxistes a l'habitude de dénoncer : il s'agit alors pour eux de se convaincre ou de faire semblant de croire qu'on a à faire à une chose familière, au moment où, ne reconnaissant plus son paysage habituel, on ne peut néanmoins prétendre avoir en face de soi un adversaire de droite, un « ennemi de classe » ; c'est ainsi que Ahmad, applaudi par Lewis, tient à définir mon propos : « troisième voie », on connaît bien ! Ce qu'ils aiment, vraiment, c'est la famille, la généalogie attestée, l'air de famille ; ce qui les rassure, c'est de reconnaître ce qui leur est familier et de se reconnaître en se rassurant ; on sait ainsi qui est qui et qui appartient à quelle famille, à quelle filiation « *We are thus on a very* familiar *territory : deconstruction as the Third Way, opposed certainly to the Right but also to "everything", as [Derrida] put it earlier, that the word "International" has historically signified* » [63].

Les figures du messianisme seraient (si on voulait ici aller trop vite et croiser tous les codes de façon un peu confuse) à déconstruire comme des formations « religieuses », idéologiques ou fétichisantes, là où la messianicité sans messianisme reste, elle, comme la justice, indéconstructible. Indéconstructible car le mouvement même de toute déconstruction la suppose. Non pas comme un fondement de certitude, comme le sol ferme d'un *cogito* (pour reprendre l'interprétation hâtive de Macherey [64]), mais selon une autre modalité.

63. Ahmad, *op. cit.*, p. 103 ; Lewis, *op. cit.*, p. 148, je souligne.

64. « [...] cette position d'un indéconstructible, qui rappelle à sa manière le *cogito* cartésien, ne serait-elle pas elle-même un fantôme, le fantôme ou "l'esprit" de Derrida ? » (p. 24).

Non, ce qui met en mouvement la déconstruction – l'indéconstructible qui reçoit dans ce contexte le nom de justice, distinguée du droit – n'a pas la forme d'une limite fondatrice sur laquelle s'arrête ou bute une sorte de doute radical. C'est une injonction à laquelle toute construction ou toute fondation est inadéquate. Non que cette injonction soit une idée infinie au sens kantien. Ni une utopie (au sens où Jameson assimile trop vite l'impossible à l'utopie [« *the impossible (Utopian) hope* », dit-il p. 59] ; alors que tout ce que je nomme *l'impossible* dans de nombreux textes récents relève d'une toute autre logique et appelle une toute autre pensée de l'événement le plus réel sous un grand nombre de figures. Tout ce « projet » revient à tenter de penser autrement ce qu'on appelle « possible » et « impossible ». Je ne peux m'y étendre davantage ici et faire autrement que de renvoyer à d'autres publications, à presque tous les textes que je publie depuis au moins dix ans). Cette injonction indéconstructible de la justice ne se rassemble ni ne s'identifie jamais à elle-même (*cf. Spectres de Marx,* p. 147, tr. p.119) mais elle commande de toute urgence, sans attendre, ici et maintenant ; et l'inadéquation de tout ce qui s'y mesure et qu'elle met en mouvement, c'est à la fois la possibilité, mais aussi la nécessité d'une histoire ; c'est aussi la possibilité et la nécessité d'une déconstruction. Celle-ci est si peu une philosophie du *cogito* qu'elle commence à s'en prendre, si je puis dire, à lui, aussi bien dans sa forme cartésienne que dans sa forme husserlienne. Pour toutes ces raisons, il m'est bien difficile de suivre

Quoi de cette supposition « quasi transcendantale » ? Et pourquoi garder la référence au messianique, là où l'on prétend exclure tout messianisme, au moment de décrire une structure universelle (attente sans attente d'un à-venir autre et d'un autre en général, promesse d'une justice révolutionnaire qui interrompra le cours ordinaire de l'histoire, etc.) ? Pourquoi ce nom, le *messianique* ou le *messie* ? J'y reviens dans mon troisième point, au lieu de la plus grande difficulté.

2. Car je me demande si Benjamin ne lie pas les moments privilégiés de cette « force messianique *faible* » (*eine* schwache *messianische Kraft*, « weak *messianic power* ») à des phases, voire à des crises historico-politiques déterminées. Le contexte politique et la date de ce texte (le pacte germano-soviétique au début de la guerre) donnent au moins du sens à cette hypothèse, même si cela ne suffit pas à en faire une certitude. Il y aurait ainsi pour Benjamin des moments critiques (pré- ou post-révolutionnaires), des moments d'espoir ou de déception, des impasses en somme au cours desquels un simulacre de messianisme sert d'alibi. D'où cet étrange adjectif : « faible ». La messianicité dont je parle, je ne suis pas sûr que je la définirais comme une force (c'est aussi bien une vulnérabilité ou une sorte d'impuissance absolue) ; mais même si je la définissais comme une force, comme le mouvement d'un désir, l'attraction, l'élan ou l'affirmation invincibles d'un à-venir im-prévisible (voire d'un passé à-re-venir), l'expérience du non-présent, du non-présent vivant dans le présent vivant (du spectral), du sur-vivant (absolument passé ou absolument à venir au-delà de toute présentation ou représentabilité, etc.), je ne dirais jamais de cette « force » qu'elle est forte ou faible, plus ou moins forte ou faible. Car à mes yeux, la structure universelle et quasi transcendantale que

Warren Montag quand il suit, lui, Macherey sur la piste de ce *cogito* et quand il suggère que *Spectres de Marx* renverse ou contredit le propos de *De la Grammatologie* au sujet de la lettre ou de la trace. Je crois que la pensée de la trace est au contraire inséparable, et fut dès le début, littéralement (je pourrais en multiplier les signes explicites, tels qu'ils s'accumulent depuis trente ans) indissociable d'une pensée de la spectralité.

j'appelle messianicité sans messianisme n'est liée à aucun moment particulier de l'histoire (politique ou générale), à aucune culture (abrahamique ou autre) ; et elle ne sert d'alibi à aucun messianisme, elle n'en mime ou répète aucun ; elle n'en confirme ou affaiblit aucun.

3. Je dois encore compliquer ce schéma. On pourrait m'objecter, et je n'ai pas manqué de m'adresser à moi-même, virtuellement, l'argument suivant : puisque vous dites que le « messianique » est indépendant de toute forme de « messianisme » (« sans messianisme »), pourquoi ne pas décrire ladite structure universelle *sans même nommer* le messianique, sans même une allusion à quelque messie, à cette figure du Messie qui garde une dernière adhérence à une langue, une culture, une « révélation » si évidentes ? Comme l'objection est légitime et assez obvie pour ne pas m'avoir échappé, voici la réponse que je dus faire – d'abord à moi-même. Réponse essentiellement stratégique, elle prend en compte une situation complexe et son calcul ne tient donc pas en un seul mot.

a. *D'une part,* ce mot (messianique) reste à mes yeux relativement arbitraire ou extrinsèque ; sa valeur est celle d'une rhétorique ou d'une pédagogie. Il sert, dans certains contextes, à mieux faire comprendre, par référence à un paysage culturel familier, ce à quoi *ressemble* (mais j'ajoute aussitôt : *sans* s'y réduire ou identifier) ce que j'appelle donc messianicité. Dans un contexte où ce que je voudrais entendre par là serait un jour entendu, si cela arrive, on devrait alors pouvoir parler de cela non seulement sans allusion au messianisme traditionnel, ni à un « Messie », mais même sans « sans ». Sous les vieux mots, tous les noms auraient alors été changés.

b. *Mais d'autre part,* les choses ne sont pas si simples. Sous cet arbitraire et sous cette utilité pédagogique s'abrite peut-être une équivoque plus irréductible. Il m'est difficile de décider si la messianicité sans messianisme (comme structure universelle) précède et conditionne toute figure historique et déterminée du messianisme (auquel cas elle en serait radicalement indépendante et lui resterait hétérogène : le nom même deviendrait accessoire), ou si la pensée même de cette indépendance n'a pu se produire ou révéler comme telle, devenir possible, qu'à travers les événements « bibliques » qui nomment le messie et lui donnent une figure déterminée [65].

c. Dans cette dernière hypothèse (que je dois laisser ouverte et suspendue parce que je n'ai pas de réponse à une question posée sous cette forme – et je garde pour l'instant le mot « messianique » *pour que* la question reste posée), la référence au messianique est plus difficile à traiter comme un instrument didactique et provisoire – fût-il rigoureusement déterminé comme « sans messianisme ». Pour plusieurs raisons, au moins *quatre*, que j'énonce de façon elliptique, économique et sèche.

1. En premier lieu, me semble-t-il, on ne peut ignorer ou dénier l'enracinement de l'événement nommé « Marx » (avec toutes ses composantes, prémisses et conséquences) dans une culture européenne et judéo-chrétienne. Il ne s'agit pas là d'un environnement empirique et délimitable. Il faut en mesurer tous les enjeux, jusque dans la logique et la rhétorique du discours hérité de Marx, et même dans des sociétés ou des cultures étrangères à cette filiation biblico-européenne. Marx et tout « marxisme » sont apparus dans une culture où le « messie » signifie quelque chose, et cette culture n'est pas restée une culture « locale » ou facilement circonscriptible dans l'histoire de l'humanité. Il n'est jamais inutile de faire réapparaître cette sédimentation, ne serait-ce que pour en tirer toute sorte de conséquences politiques.

65. Cela ressemble au débat possible au sujet de *Offenbarung* (Révélation) et *Offenbarkeit* (possibil*ité* de la révélation et de la manifestation). Heidegger semble toujours faire de la possibil*ité* de la révélation une structure de l'existence plus profonde, plus ancienne et donc indépendante, sur le fond de laquelle la révélation religieuse, telle ou telle religion historique, devient secondairement possible et se détermine. À cet argument fort et classique, on peut néanmoins être tenté d'opposer au moins une question : et si c'était seulement à travers l'événement (historique) de la révélation que se manifeste, comme telle, la révélation de la révélabilité elle-même ? etc.

2. Car, en second lieu, la culture marxiste, jusque dans la littéralité de son langage, aura participé, à sa manière, *volens nolens*, au phénomène que j'ai surnommé ailleurs « mondialatinisation »[66]. Il serait donc difficile (et bien abstrait, pour le coup) d'y effacer toute référence messianique. Mon essai sur Marx, qu'on excuse l'insolence de cette remarque, n'est qu'une pièce dans un dispositif qui ne s'y enferme pas.

3. Aucune critique de la *religion*, de *chaque* religion *déterminée*, si nécessaire ou radicale que cette critique puisse être, ne me paraît devoir ni pouvoir atteindre la *foi* en général. J'ai aussi essayé de le montrer ailleurs, en particulier dans « Foi et savoir... », l'expérience de la croyance, du crédit, de la foi en la parole donnée (au-delà du savoir et de toute possibilité « constative ») appartient à la structure du lien social ou du rapport à l'autre en général, à l'injonction, à la promesse, à la performativité impliquées par tout savoir et par toute action politique, en particulier par toute révolution. La critique de la religion elle-même, comme tâche scientifique ou politique, en appelle à cette « foi ». Il ne m'a donc pas paru possible d'effacer toute référence à la foi. L'expression « messianique sans messianisme » m'a paru propice, au moins provisoirement, à la traduction de cette différence entre foi et religion.

4. Nous touchons donc ici à ce lieu sensible d'une « question de l'idéologie ». Quoi du *concept* d'idéologie ? De l'indestructibilité de l'idéologique ? Quoi surtout du rôle exemplaire, c'est-à-dire irremplaçable, que joue la religion dans l'émergence de ce concept marxien ? Sans même parler d'une urgence historique, à savoir la nécessité où nous met la situation géo-politique de re-penser *aujourd'hui* la question de la religion (c'est ici un point de plein accord avec Jameson[67]), je dois ici renvoyer à telles pages de *Spectres de Marx* ceux qui ne veulent pas prendre au sérieux mon usage

66. *Cf.* « Foi et savoir, les deux sources de la religion dans les limites de la simple raison » in *La religion*, Seuil, 1995.

67. Voir sur ce point ce que Jameson note si justement du religieux et de la théorie de la religion chez Marx, p. 53 *sq*.

du mot « messianique » et ma référence à une logique spectrale. Je pense en particulier à tout ce qui tente de préparer une réponse à la question « Qu'est-ce que l'idéologie ? » en insistant sur deux formes d'« irréductibilité » : *d'une part*, « le caractère irréductiblement spécifique du spectre », *d'autre part*, « l'irréductibilité du modèle religieux dans la construction du concept d'idéologie » [68]. « La référence au mode religieux permet seule d'expliquer l'autonomie de l'idéologique » [69] ; ou encore : « Le religieux n'est pas un phénomène idéologique ou une production fantomatique parmi d'autres » [70].

Les conséquences de cette hypothèse, si on l'accepte, sont redoutables. Tout phénomène idéologique comporterait quelque religiosité ; et comme il est impossible de dissocier de façon radicale le *phainesthai* du *phantasma*, de dissocier l'apparaître (de ce qui apparaît) de la spectralité du spectral, alors, comme l'idéologique, comme le religieux, le spectral est aussi indestructible que non délimitable en sa racine. Il est aussi difficile d'en faire un objet ou un champ circonscriptible qu'il est difficile de séparer la pure foi de toute détermination religieuse. Nous sommes ici dans la zone la plus difficile, celle d'une « théorie de l'idéologie » (présente ou absente) chez Marx. C'est de ce point de vue que j'ai commencé à comprendre, admirer et approuver l'ouverture du texte de Rastko Mocnik – dont j'avoue ne pas avoir pu suivre dans toute leur richesse, faute de compétence, les développements les plus formalisés qui intègrent les problématiques de Lévi-Strauss, Lacan et Lefort. Mais je me sens proche de ce qu'il avance au

68. *Spectres de Marx*, p. 236 *sq*. La question « qu'est-ce que l'idéologie ? », comme le développement qui suit, vient après l'analyse des dix fantômes (« le spectre d'un Décalogue des spectres », table des dix lois, comme il y avait dix plaies, et une autre table des dix catégories d'Aristote dans ce livre sur tant de tables et tant de dizaines). Elle vient aussi après une certaine scène de famille et la question du phallogocentrisme entre le père et le fils (le bon et le « mauvais » fils, p. 198). Elle ne se laisse plus détacher de celle du « *patrimoine de l'idole* » que j'avais cru devoir souligner pour bien marquer cette question du père (p. 236).

69. *Ibid.*, p. 262.

70. *Ibid.*, p. 264.

sujet d'une théorie de l'idéologie ruinée dans sa possibilité même par « *the very idea of ideology* ». J'ajouterai seulement ceci : on n'a pas nécessairement à tenir pour une limite négative ou une catastrophe cette impossibilité d'une théorie de l'idéologie, au sens strict du mot « théorie » (système formalisable de théorèmes objectivants dont les énoncés n'appartiennent pas au champ d'objectivité ainsi délimité, autrement dit, ici, une *théorie non idéologique de l'idéologie*, une théorie de l'idéologie, une science de l'idéologie, comme on disait il y a trente ans en France, qui soit pure de tout idéologème). Devant cette situation maintenant classique, il faut peut-être penser autrement et l'« idéologique » (le mot a peut-être fait son temps, dans l'histoire des idées de l'*idée – idea* ou *eidos),* et le rapport entre la pensée, la philosophie, la science, la « théorie », justement, et tout ce qui nous intéresse tous ici : ce qu'il y a et qui reste à « faire », ce qui reste irréductible au constatif, au savoir (à ce qu'un certain Marx appelait, en limitant sérieusement cette notion, « interpréter » : interpréter le monde là où il convient de le « changer »). Ce que j'entends ici par « penser » (ce qui, sans les exclure ou les dénigrer, ne se réduit ni à la philosophie ni à la théorie scientifique, ni au savoir en général), j'essaierais de montrer, si je n'avais pas été déjà trop long, que cela en appelle à la venue d'un événement, c'est-à-dire justement de ce qui « change » (au sens transitif et intransitif de ce drôle de mot).

Pour en terminer ici, provisoirement, gardons le sourire. Il n'a jamais quitté le spectre de Marx – ni les *Spectres de Marx*. Et je sais gré à Antonio Negri [71] d'avoir à sa manière

71. Toni Negri (« The Specter's Smile » in *Ghostly Demarcations*, pp 5-16).

Toni Negri commence par saluer l'avancée effectuée par Derrida dans *Spectres de Marx*. Elle consisterait à remonter à l'origine de l'espace philosophique contemporain, ouvert par Marx lui-même. D'autant que l'une des sources de la déconstruction pourrait être le climat théorique du milieu althussérien de la rue d'Ulm, et qu'elle a toujours eu une orientation non seulement généalogique mais critique, à l'encontre d'une métaphysique encapsulée dans le monde historique et conceptuel du capitalisme. « Où va le marxisme ? ». « Où va la déconstruction ? » et « Où va le capitalisme ? »

seraient des questions indissociables. La véritable métaphysique du capital et sa spécificité furent décrites par la phénoménologie marxiste de la valeur. Mais aujourd'hui, où retrouver l'hétérogénéité de la valeur d'usage, comment réformer la pratique productive à partir d'une réappropriation subjective et seulement humaine (la non-spectralité du sujet productif) ? Si la loi de la valeur est elle-même hors de ses gonds, si même le temps n'est plus la mesure de la valeur et que la valeur d'usage n'est plus le référent réel du travail, pourquoi faut-il néanmoins que la déconstruction marque une pause dans sa critique en s'immergeant dans le travail du deuil ?

Le spectre comme totalité sociale qui ne peut pas se présenter elle-même, c'est le réel d'aujourd'hui, radicalement « *unheimlich* » qui, s'il empêche le sujet vivant du travail de se situer, rend en effet les « spectres de Marx » inadaptés. Il doit bien pourtant y avoir une partie encore « vivante » dans l'héritage du marxisme, qui rende possible une expérience de la communauté éthique au sein même de la reconstruction globalisée du capitalisme spectral. Appel à une résistance éthique à partir d'une nouvelle détermination de l'être qui rejoint le discours derridien sur l'esprit messianique, et son affirmation d'une exigence de justice indéconstructible. Derrida, cependant, croit plus en une Internationale éthique par ailleurs anonyme qu'en une insurrection éthique. Toni Negri regrette que le mot « exploitation » soit absent du livre de Derrida. Les deux exploitations, mentale et manuelle, qui sont parties intégrantes de la logique de production spectrale en produisant les masses elles-mêmes comme marchandises, participent en effet toutes deux de l'accumulation de richesses avec les nouveaux réseaux performatifs de communication, entraînant richesses concentrées pour les uns et misères diverses pour les autres.

Afin d'expliquer cette collaboration dans l'exploitation par le mode de fonctionnement de la nouvelle ontologie capitaliste, Negri a recours à un concept spinoziste, celui d'une passion de l'âme divisée, écartelée entre passivité et activité. Ce conflit d'expérience qui passe par le corps et l'esprit, préfabriqué par la mémoire du passé, Negri le compare à une parabole du marrane : le choix entre deux religions et l'ascèse laïque et rationnelle de la vie dans le monde qui refoule un reste de transcendance religieuse, déboucheraient sur une éthique de la libération. Ce crépuscule de la passion qui hante la vie du marrane devient une parabole de l'exploitation contemporaine où le sujet productif se transforme en flux d'énergie exploitable traitant avec des esprits qui n'appartiennent plus à une essence humaine pré-déconstruite, le tout dans une intellectualité toujours plus massive des forces de coopération. Ce nouveau paradigme du travail avec son potentiel hybride de rupture, Negri l'appelle « ontologie post-déconstructive ».

À ses yeux, les appuis théoriques pris par Derrida chez Blanchot, Bataille, Nietzsche ou la théologie négative, l'empêcheraient d'explorer les possibilités de rupture avec l'ontologie spectrale, et la possibilité d'une reconstruction de l'ontologie. En outre, malgré l'immense mérite de cette introduction à la critique du capitalisme spectral que constitue l'approche derridienne, il faudrait rappeler que l'esprit du communisme n'est pas seulement le produit d'une critique théorique mais qu'il est le mouvement réel qui détruit l'état présent des choses.

laissé flotter ce sourire sur les lèvres de je ne sais quel spectre. Après la lecture reconnaissante de « The Specter's Smile », j'aurais eu envie de dire à Negri d'un mot (car cette courte réponse a déjà trop duré) : d'accord, d'accord sur tout sauf sur un mot : « ontologie ». Pourquoi tenez-vous à ce mot ? Pourquoi vouloir proposer une *nouvelle ontologie*, après avoir pris acte d'une mutation qui rendait caduc le paradigme marxiste de l'ontologie ? Pourquoi vouloir à tout prix ré-ontologiser, au risque de tout faire rentrer dans l'ordre ? dans le grand ordre mais dans l'ordre ? J'ai d'abord été arrêté une première fois, dans l'élan de mon approbation quand j'ai lu, dans telle phrase, une première référence à l'ontologie. Il est vrai que c'était, dans un premier temps, pour décrire et suivre mon propre geste : « *Transferred onto the terrain of the critique of political economy, this project [Marx's* The German Ideology*] of a spectral reading of ideology is applied to the categories of societies and capital, develops ontologically, and becomes definitively fixed in* Capital *(Derrida speaks of this in* Specters, *pp. 147-158). The specters narrated herein have a particular ontological pertinence : they reveal the complete functioning of the law of value* » [72].

Certes, j'entends bien, mais d'une part le mot « ontologique » n'est pas littéralement de Marx (il ne faut peut-être pas se précipiter pour l'y remettre) ; et d'autre part, il est vrai, j'essayais de montrer dans ce passage que c'était en ré-ontologisant le processus, en re-philosophisant ses concepts que Marx limitait la pertinence et la force de son recours à la logique spectrale. Negri est certes un meilleur marxiste que moi, il est plus fidèle à l'esprit de Marx que moi quand il décrit ce mouvement ; mais c'est en cédant à ce que je crois le plus problématique chez Marx, à savoir le désir effréné, classique, traditionnel (oserai-je encore dire platonicien ?) de conjurer toute spectralité et de retrouver la *pleine et effective réalité*

---

L'esprit du communisme s'exprimerait aussi par le sourire de la jeune servante de Tocqueville en 1848.

72. *Ghostly Demarcations*, p. 6.

*génétique* du processus *derrière le masque* du fantôme. Je rappelle que quand Negri, dans la première partie de son texte (le moment du commentaire, en somme) parle de « *real* genesis » et de « masque » [73], il reproduit précisément (sans le prendre à son compte, il est vrai) le geste que je juge encore métaphysique, *parce qu'ontologique*, chez Marx. Ce que je propose, en effet, dans les pages évoquées par Negri, dont je ne citerai pour mémoire que celles-ci, en renvoyant le lecteur intéressé à tout le développement qui l'entoure et qui forme l'ossature même, je n'ose pas dire la thèse de mon livre :

« Dans leur dénonciation commune, dans ce qu'elle a de plus critique et de plus ontologique à la fois, Marx et Saint Max héritent aussi de la tradition platonicienne, plus précisément de celle qui associe étroitement l'image au spectre, et l'idole au fantasme dans sa dimension fantomatique ou errante de mort-vivant. Les "*phantasmata*" que le *Phédon* (81d) ou le *Timée* (71a) ne séparent pas des « *eidôla* », ce sont les figures des âmes mortes, ce sont les âmes des morts [...] » [74].

Je tentai alors de reconnaître la pente *phallogocentrique* de cette métaphysique, le *patrimoine* qui la relie depuis toujours à la question du père (c'est pourquoi mon titre, *Marx & Sons*, est tout sauf *a joke*). Je précisai un peu plus loin :

« Hypothèse sans originalité, sans doute, mais dont la conséquence se mesure à la constance d'une immense tradition, il faut dire du *patrimoine* philosophique tel qu'il se lègue, à travers les mutations les plus parricides de Platon à Saint Max, à Marx et au-delà. La lignée de ce patrimoine est tra-

73. « *The phenomenology of capitalist production described by Marx in* Capital *demonstrates therefore how, by way of this spectral movement, a true and proper metaphysics of capital is produced, as well as the autonomy of its power. But because it unfolds itself in a spectral form and autonomizes capital, this phenomenology – Marx maintains –* masks the real genesis of the process of capital's development » (*ibid.*, p. 7, je souligne).

74. *Spectres de Marx*, p. 235.

vaillée mais elle n'est nullement interrompue par la question de l'idée, par la question du concept et du concept de concept, celle-là même qui héberge toute la problématique de *L'Idéologie allemande* (nominalisme, conceptualisme, réalisme, mais aussi rhétorique et logique, sens littéral, sens propre, sens figuré, etc.). » [75]

Jusqu'ici, me semble-t-il, il n'y a pas de désaccord de fond entre Negri et moi. Il n'y a pas de désaccord non plus au moment où, se demandant ce que nous pouvons faire « aujourd'hui » avec les « spectres marxistes », Negri prend acte d'une mutation et notamment pour ce qui concerne « *the labor paradigm* » (ce que j'ai fait aussi). Il écrit lui-même : « *We agree in deeming the Marxist ontology out of date, and* this *ontological description of exploitation in particular.* » [76]

Le désaccord, le malentendu, le « désajointement » plutôt, commence quand Negri croit pouvoir faire deux choses qui me paraissent également contestables. 1. Il pense déceler dans mon geste un mouvement de « nostalgie », de « mélancolie », un « *work of mourning* » ; et il veut surtout y entendre une note fondamentale et déterminante [77]. 2. Il pense pouvoir réparer cette triste négativité, en somme, par une nouvelle « ontologie » – qu'il appelle « *post-deconstructive* ».

1. Tout d'abord, je crois et j'ai souvent souligné que la déconstruction, affirmative jusque dans cette pensée du messianique sans messianisme, était tout sauf un mouvement négatif de nostalgie et de mélancolie (je le pense et l'ai dit si

75. *Ibid.*

76. *Ghostly Demarcations*, p. 10.

77. Il écrit par exemple : « *Why does deconstruction want a aura of nostalgia which renders the ontological consistency of the new spectral dimension elusive and frankly ungraspable ?* » (*ibid.*, p. 8).

Tout cela et ce qui suit (jusqu'au « *We do not know how to respond to Derrida's sad sidestepping, nor do we know how to construct a straight line that would cut through his process's agonizing curves* », *ibid.*) me paraît traduire un égarement de lecture dont je partage peut-être avec lui la responsabilité mais contre lequel je proteste fermement. Comme je proteste contre les mots « mysticisme » et « *negative theology* à la Blanchot » ; je m'en suis expliqué ailleurs au sujet de ce stéréotype, je m'en abstiens donc ici.

souvent, de façon si explicite, qu'on me dispensera d'y revenir). Il est vrai que cela ne m'a pas empêché de méditer, avec autant d'insistance, le travail du deuil (en en généralisant même le concept jusqu'à le rendre coextensif au travail en général – notamment dans *Glas*). Et bien sûr, je l'ai fait dans *Spectres de Marx,* massivement. Mais on peut traiter du travail du deuil, en analyser la nécessité, les effets politiques mondiaux (après ladite « mort de Marx » ou de l'idée communiste) ; on peut devoir le faire pour toute sortes de raisons, sans pour autant renoncer à une certaine gaîté de la pensée affirmative. Sans même rappeler tant de discours que j'ai consacrés à cette possibilité, j'ose affirmer que *Spectres de Marx* est tout sauf un livre triste : malgré une gravité à laquelle je ne suis pas non plus prêt à renoncer, c'est un livre pour moi gai et comique. Plus joyeux que moi, sans doute, mais mes livres ne sont pas nécessairement et seulement des auto-portraits, on les convertit peut-être en quelque antithèse de soi-même. De plus, contrairement à ce que semble supposer aussi Lewis, je ne ressens aucune nostalgie, vraiment aucune, aucun deuil personnel pour ce qui vient de disparaître à la surface de la terre après avoir usurpé la figure du communisme. Mais cela ne m'empêche pas d'analyser les symptômes paradoxaux d'un deuil géo-politique, et d'essayer d'articuler à ce sujet une nouvelle logique des rapports entre l'inconscient et la politique. La logique spectrale, je n'y reviens pas, m'y a paru indispensable. Tenter de la mettre rigoureusement en œuvre, ce n'est pas une expérience triste, je voudrais en témoigner. J'y prends souvent beaucoup de plaisir. Et même si ce plaisir est un peu singulier, je n'y reconnais rien de ce que Negri décrit sous « *the shadow of that melancholic libertinism when, at the end of another revolutionary age, men who were still free testified in refusal of the Counter-Reformation and awaited the martyrdom of the Inquisition. We cannot content ourselves with this, perharps because our Marxist heritage has already been proven in practice ; more likely because – in dealing with specters – the eye, the other senses, and the mind begin to detect delineations of new realities. So is it possible then to proceed beyond the level of moral protest ?* »

Moi non plus, je ne peux me contenter de cela : non pas parce que « *our Marxist heritage has already been proven in practice* » (je n'en crois rien et là mon désaccord est abrupt), mais surtout parce que l'analogie avec un paradigme identifiable dans un autre âge fait partie de ces gestes rassurants dont j'ai déjà dit que je me méfie toujours, comme des « airs de famille » qu'on croit reconnaître et de la « familiarité » en général. À supposer même que je souffre ou jouisse de quelque « *melancholic libertinism* », je ne crois pas qu'il y en ait la moindre trace dans ce que j'essaie de penser et de dire dans *Spectres de Marx* – et qui concerne justement les « *delineations* » de nouveautés – j'hésiterais à dire, pour les raisons qui suivent, « *delineations of new* realities ». Pas non plus question de simple « *moral protest* » ou de tout y réduire, dans *Spectres de Marx*, bien qu'il soit aussi difficile d'évacuer toute morale que toute « religion », ou du moins tout « acte de foi » dans une injonction révolutionnaire, fût-ce en vue d'une nouvelle « ontologie post-déconstructive » comme semble la souhaiter Negri. Au sujet de la « morale », Negri est injuste quand il dit que « *There's a word that rarely appears in Derrida's book : exploitation* ». Je ne sais pas si le mot y apparaît ou combien de fois, mais je suis sûr que la référence au « concept » et à la « chose » y est récurrente et quasi centrale. Au moins dans tout le chapitre « Usures (tableau d'un monde sans âge) » et dans le rappel des dix plaies du nouvel ordre mondial. Sans doute le concept classique d'exploitation est-il soumis à quelque turbulence déconstructive (encore la question de l'ontologie, donc du *propre*, de l'appropriable, de la subjectivité propre ou aliénée et de ce que j'appelle partout l'*ex-appropriation* – dont la logique complique singulièrement le discours traditionnel sur l'exploitation et sur l'aliénation). Mais cela ne veut pas du tout dire que silence soit gardé sur la souffrance et l'oppression, sur l'« exploitation-de-l'homme-par-l'homme ». Il est vrai que je parle aussi de celle de l'animal par l'homme (mais laissons ce grand chapitre ouvert).

2. Surtout, ce n'est pas la ré-ontologisation proposée par Negri qui me rendrait la gaîté dont il me suppose sevré. Ce n'est pas sa nouvelle ontologie – libératrice ou libérée – qui me convaincra de reconsidérer, pour l'instant du moins et devant les arguments proposés, toute la déconstruction du motif « ontologique » même, à sa racine. Cette déconstruction (qui, je le rappelle, n'est ni une critique ni une simple délégitimation), *Spectres de Marx* la réaffirme et la développe. Mais là, que j'aie tort ou raison, nous ne pourrions en discuter sérieusement sans un long, trop long débat autour de tout ce qui m'occupe depuis trente ans. Je renonce donc, provisoirement, à m'y réengager ici. Que Negri me permette de dire que son souci de réhabiliter l'ontologie, fût-ce une ontologie « post-déconstructive », comme il le dit, me paraît porter, lui, des signes de deuil, de nostalgie, voire de mélancolie. L'ontologie comporte, elle *est* même, selon moi, un travail de deuil (parfois voué à l'échec comme à la mélancolie [thème bien connu des mélancolies d'Aristote et de Heidegger – qui parle d'ailleurs de la mélancolie propre au philosophe]) – un travail du deuil, donc, pour reconstituer, sauver, racheter une présence pleine de l'étant présent, là où celui-ci, selon ce qui n'est pas un défaut mais aussi une chance, semble faire défaut : la différance.

Sans abuser des mots pour les lui retourner, là où Negri m'envoie deux fois en prison [78], je me demande si ce n'est pas

78. « [...] *deconstruction remains prisoner of an ineffectual and exhausted definition of ontology. The reality principle in deconstruction is out of its element* » [...] « *Derrida is* prisoner *of the ontology he critiques* » *(ibid.*, pp. 12-13).

Même si quelque chose était vrai, là dedans, pourquoi cette figure de la *prison*, aujourd'hui ? Pourquoi la présupposition d'une ontologie serait-elle carcérale ? Et surtout, Negri ne peut-il imaginer qu'on puisse être *aussi* captif de l'ontologie en général (la vieille ou la nouvelle) ? Emprisonné dans un discours sur l'*on*, sur l'étant présent comme tel ? Et que ce qui est « *exhausted* », ce ne soit pas telle ou telle définition de l'ontologie, mais l'ontologie elle-même, si du moins on lui garde le sens minimal et non arbitraire qui se trouve comme inscrit dans le mot « ontologie » : le discours (ou la science ou la raison) quant à *l'étant présent comme tel* ?

Alors, bien sûr, si on est prêt à remettre en question, sous toutes ses formes, cette référence à l'étant présent, *proprement présent* et comme tel (réel, effec-

pour dénier qu'il reste, lui, encore enfermé, hors d'elle en elle, dans l'enceinte d'une nouvelle patrie ontologique, d'une ontologie affranchie, d'une ontologie de la libération de soi. Par exemple, en un sens spinoziste de la « liberté ».

Comme nous n'avons pas ici la place ou le temps d'une gigantomachie, dans le style du *Sophiste*, sur l'être de l'étant et l'ontologie en général, je propose à Negri, pour sourire et pour conclure, un armistice de compromis : et si nous acceptions de considérer tous les deux le mot « ontologie », désormais, comme un mot de passe, un mot arbitraire et de convention, un *schibboleth* qui ferait seulement semblant de signifier ce que « ontologie » a toujours signifié ? Alors nous parlerions entre nous, comme des marranes, un langage crypté. Nous ferions comme si nous continuions à parler, dans la communauté des philosophes, le langage de la métaphysique ou de l'ontologie, en sachant, entre nous, qu'il n'en est rien. Car j'ai été très séduit par les allusions aux marranes dans « The Specter's Smile ». Je sais que Negri pensait surtout, comme toujours, à Spinoza. Mais cela ne fait rien. Il ne sait probablement pas que j'ai souvent joué, le plus sérieusement du monde, à me présenter, secrètement, comme une sorte de marrane. Je l'ai fait en particulier, et ouvertement, dans *Apories, Circonfession, Mal d'Archive* – et sans doute ailleurs. Et je l'ai fait moins ouvertement *partout*, par exemple dans *Le Monolinguisme de l'autre*. Mais je ne dévoilerai pas tous les autres lieux de ce simulacre.

Et si pour finir nous lancions l'idée que non seulement Spinoza mais Marx, lui-même, Marx l'ontologiste libéré, était un marrane ? Une sorte d'immigrant clandestin, un hispano-portugais déguisé en juif allemand qui aurait fait semblant de se convertir en protestant et même d'être un peu antisémite ? Ça, ce serait un coup. On ajouterait que les fils de Karl lui-même n'en savaient rien. Les filles non plus. Le coup suprême,

---

tif, actuel, etc.) dans le mot « ontologie » auquel on déciderait arbitrairement ou stratégiquement de faire dire toute autre chose, en attendant de cette décision terminologique quelque effet libératoire, alors je n'ai rien contre le mot lui-même. Mais ce serait un mot nouveau ou un mot crypté. J'y reviens pour conclure.

la surenchère abyssale, la plus-value absolue : des marranes si bien cachés, si encryptés qu'ils ne s'en doutaient plus eux-mêmes ! ou qu'ils l'avaient oublié, refoulé, dénié, renié. On sait que cela arrive aussi aux « vrais » marranes, à ceux qui, étant réellement, présentement, actuellement, effectivement, *ontologiquement* des marranes, ne le savent même plus.

On a aussi prétendu que, depuis une date récente, la question du marranisme est morte.

Je n'en crois rien. Il y a encore les fils – et les filles qui, sans le savoir, incarnent ou métempsychosent les fantômes ventriloques de leurs ancêtres.

## DU MÊME AUTEUR

*Aux Éditions Galilée*

L'ARCHÉOLOGIE DU FRIVOLE (Introduction à l'*Essai sur l'origine des connaissances humaines,* de Condillac), 1973.
GLAS, 1974.
OCELLE COMME PAS UN, préface à *L'enfant au chien-assis,* de Jos Joliet, 1980.
D'UN TON APOCALYPTIQUE ADOPTÉ NAGUÈRE EN PHILOSOPHIE, 1983.
OTOBIOGRAPHIES, *L'enseignement de Nietzsche et la politique du nom propre,* 1984.
SCHIBBOLETH, *Pour Paul Celan,* 1986.
PARAGES, 1986.
ULYSSE GRAMOPHONE, *Deux mots pour Joyce,* 1987.
DE L'ESPRIT, *Heidegger et la question,* 1987.
PSYCHÉ, *Inventions de l'autre,* 1987.
MÉMOIRES, *Pour Paul de Man,* 1988.
LIMITED INC., 1990.
L'ARCHÉOLOGIE DU FRIVOLE, 1990.
DU DROIT À LA PHILOSOPHIE, 1990.
DONNER LE TEMPS, *I. La fausse monnaie,* 1991.
POINTS DE SUSPENSION, *Entretiens,* 1992.
PASSIONS, 1993.
SAUF LE NOM, 1993.
KHORA, 1993.
SPECTRES DE MARX, 1993.
POLITIQUES DE L'AMITIÉ, 1994.
FORCE DE LOI, 1994.
MAL D'ARCHIVE, 1995.
APORIES, 1996.
RÉSISTANCES – *de la psychanalyse,* 1996.
LE MONOLINGUISME DE L'AUTRE, 1996.
ÉCHOGRAPHIES – *de la télévision* (entretiens filmés avec Bernard Stiegler), 1993.
COSMOPOLITES DE TOUS LES PAYS, ENCORE UN EFFORT !, 1997.
ADIEU, *à Emmanuel Lévinas,* 1997.
DEMEURE, *Maurice Blanchot,* 1998.
PSYCHÉ, *Inventions de l'autre,* t. I (nouvelle édition augmentée), 1998.
VOILES, avec Hélène Cixous, 1998.
« L'ANIMAL QUE DONC JE SUIS », dans L'ANIMAL AUTOBIOGRAPHIQUE, *Autour de Jacques Derrida,* 1999.
DONNER LA MORT, 1999.
LE TOUCHER, *Jean-Luc Nancy,* 2000.
ÉTATS D'ÂME DE LA PSYCHANALYSE, 2000.
TOURNER LES MOTS, *Au bord d'un film,* avec Safaa Fathy, Galilée/Arte Éditions, 2000.
LA CONNAISSANCE DES TEXTES, *Lecture d'un manuscrit illisible,* avec Simon Hantaï et Jean-Luc Nancy, 2001.
DE QUOI DEMAIN..., *Dialogue,* avec Élisabeth Roudinesco, Fayard/Galilée, 2001.
L'UNIVERSITÉ SANS CONDITION, 2001.
PAPIER MACHINE, 2001.
ARTAUD LE MOMA, 2002.
FICHUS, 2002.
H. C. POUR LA VIE, C'EST À DIRE..., 2002.
VOYOUS, *à paraître.*
À LA VIE À LA MORT, *à paraître.*

*Chez d'autres éditeurs*

L'ORIGINE DE LA GÉOMÉTRIE, de Husserl, Introduction et traduction, PUF, 1962.
L'ÉCRITURE ET LA DIFFÉRENCE, Le Seuil, 1967.
LA VOIX ET LE PHÉNOMÈNE, PUF, 1967.
DE LA GRAMMATOLOGIE, Minuit, 1967.
LA DISSÉMINATION, Le Seuil, 1972.
MARGES – DE LA PHILOSOPHIE, Minuit, 1972.
POSITIONS, Minuit, 1972.
« ÉCONOMIMÉSIS », *in* MIMÉSIS, Aubier-Flammarion, 1975.
« FORS », *préface à* LE VERBIER DE L'HOMME AUX LOUPS, de N. Abraham et M. Torok, Aubier-Flammarion, 1976.
« SCRIBBLE », *préface à* l'ESSAI SUR LES HIÉROGLYPHES de Warburton, Aubier-Flammarion, 1978.
ÉPERONS. LES STYLES DE NIETZSCHE, Flammarion, 1978.

La vérité en peinture, Flammarion, 1978.
La carte postale, de Socrate à Freud et au-delà, Aubier-Flammarion, 1980.
L'oreille de l'autre, Textes et débats, éd. Cl. Lévesque et Ch. McDonald, VLB, Montréal, 1982.
Signéponge, Columbia University Press, 1983 ; Le Seuil, 1988.
La Filosofia como institucion, Éd. Juan Granica, Barcelone, 1984.
Popularités. Du droit à la philosophie du droit, *avant-propos à* Les sauvages dans la cité, Champ Vallon, 1985.
Lecture de Droit de regards, de M.-F. Plissart, Minuit, 1985.
Préjugés – devant la loi, *in* La Faculté de juger, Minuit, 1985.
Forcener le subjectile, Étude pour les Dessins et portraits d'Antonin Artaud, Gallimard, 1986.
Feu la cendre, Des femmes, 1987.
Mes chances, *in* Confrontation, 19, Aubier, 1989.
Some Statements and Truisms..., *in* The States of « Theory », Éd. D. Carroll, Columbia University Press, 1989.
Le problème de la genèse dans la philosophie de Husserl, PUF, 1990.
Mémoires d'aveugle. L'autoportrait et autres ruines, Louvre, Réunion des Musées nationaux, 1990.
« Interpretations at War, Kant, le Juif, l'Allemand », Phénoménologie et politique, Mélanges offerts à J. Tarniniaux, Bruxelles, Ousia, 1990.
Heidegger et la question, Flammarion, coll. « Champs », 1990.
L'autre cap, Minuit, 1991.
« Circonfession », *in* Jacques Derrida, Geoffrey Bennington et Jacques Derrida, Le Seuil, 1991.
Qu'est-ce que la poésie ? (éd. quadrilingue), Brinkmann & Bose, Berlin, 1991 (réédition augmentée en collaboration avec W. Mihulrac, Éd. Signum, 1997).
« Donner la mort », *in* L'Éthique du don, A.-M. Métailié, 1992.
« Nous autres Grecs », *in* Nos Grecs et leurs modernes, Le Seuil, 1992.
Prégnances, Brandès, 1993.
« Fourmis », *in* Lectures de la différence sexuelle, Des femmes, 1994.
Moscou Aller Retour, Éd. de l'Aube, 1995.
Avances, *préface à* Le Tombeau du dieu artisan, de S. Margel, Minuit, 1995.
« Foi et Savoir », *in* La Religion, Le Seuil, 1996 ; rééd. Le Seuil, coll. « Points », 2000.
Lignées, *in* M. Henich et J. Derrida, Mille e trè, cinq, William Blake & Co., 1996.
Erradid (en coll. avec Wanda Mihuleac) Galerie, La Hune Brenner, 1996.
« La norme doit manquer » (et autres contributions), *in* Le génome et son double, Hermès, 1996.
El gusto del segreto, avec Maurizio Ferraris, Laterza, 1997.
De l'hospitalité, Calmann-Lévy, 1997.
Le droit à la philosophie du point de vue cosmopolitique, Unesco-Verdier, 1997.
« Manquements – du droit à la justice (Mais que manque-t-il donc aux sans-papiers ?) », *in* Marx en jeu, Descartes et Cie, 1997.
La contre-allée, en coll. avec Catherine Malabou, Éd. La Quinzaine littéraire - Louis Vuitton, 1999.
« Une certaine possibilité impossible », dans Dire l'événement, est-ce possible ?, avec G. Soussana et A. Nouss, L'Harmattan, 2001.
« La veilleuse », préface à Jacques Trilling, James Joyce ou l'écriture matricide, Circé, 2001.
« La forme et la façon », préface à Alain David, Racisme et antisémitisme, Ellipses, 2001.
Atlan grand format *(« De la couleur à la lettre »)*, Gallimard, 2001.

**Revue *Actuel Marx***
**Numéros parus :**

Les n° 3 à 16 sont offerts à 50 fr.
Les n° 1 et 2 sont parus chez L'Harmattan.

N°1. L'état du marxisme
N°2. Le marxisme au Japon
N°3. Société occidentale, idée du socialisme
N°4. Marxisme italien, Quelle identité ?
N°5. Libéralisme, société civile, Etat de droit
N°6. La péréstroika, une révolution ?
N°7. Le marxisme analytique anglo-saxon
N°8. Liberté, égalité, différence
N°9. Le monde est-il un marché ?
N°10. Ethique et politique
N°11. Weber et Marx, *épuisé*
N°12. L'écologie, ce matérialisme historique, *épuisé*
N°13. Théories de l'action
N°14. Nouveaux modèles de socialisme
N°15. L'inconscient du social
N°16. Amérique Latine, Le monde vu du Sud, *épuisé*
N°17. Théorie de la régulation, théorie des conventions, *épuisé*
N°18. L'impérialisme aujourd'hui, 28€
N°19. Philosophie et politique, 28€
N°20. Autour de P. Bourdieu, 28€
N°21. Le droit contre le droit, 28€
N°22. Où va la Chine ?, 28€
N°23. L'arbre social-démocrate, 28€
N°24. Habermas, Une politique délibérative, 28€
N°25. Marx, Wittgenstein, Arendt, Habermas, 28€
N°26. Les nouveaux rapports de classes, 28€
N°27. L'hégémonie américaine, 28€
N°28. Y a-t-il une pensée unique en philosophie politique ?, 28€
N°29. Critique de la propriété, 28€
N°30. Rapports sociaux de sexe, 28€
N°31. Le capital et l'humanité, 28€
N°32. Les libéralismes au regard de l'histoire, 28€

**Abonnement 2002 (N° 31 et 32) : 46 €, Etranger 54 €. (port gratuit)**
Adressez votre chèque à PUF, 6, av. Reille, 75014 Paris.
Tél. 0158103163, Email : revues@puf.com

Vous trouverez une information détaillée sur tous ces ouvrages sur notre site internet : http://www.u-paris10.fr/ActuelMarx/

# Collection *Actuel Marx Confrontation* :

dirigée par Jacques BIDET, Gérard DUMENIL et Jacques. TEXIER

Fin du communisme ? Actualité du marxisme, 260 p., 27 €..
L'idée de socialisme a-t-elle un avenir ? 285 p., 27.50 €..
Le nouveau système du monde, 288 p., 27 €..
Les paradigmes de la démocratie, 260 p., 30 €..
La crise du travail, 280 p., (épuisé).
Congrès Marx International, 320 p., 22.50 €..
Actualiser l'économie de Marx, 150 p., 15 €..
L'ordre capitaliste, 150 p., 15 €..
Utopies, théologie de la libération, philosophie de l'émancipation, 150 p., 15 €..
**L. Althusser**, La reproduction des rapports de production, 320 p., 30 €..
**J. Bidet**, J. Rawls et la théorie de la justice, 145 p., (épuisé).
**G. Duménil** et **D. Lévy**, La dynamique du capital, 412 p., 22 €..
**M. Delbraccio** et **G. Labica** (dir.), Friedrich Engels, savant et révolutionnaire, 440 p., 28.50€..
**P. Raymond**, Althusser philosophe (dir.), 224 p., 15 €..
**R. Motamed-Nejad** (dir.), URSS et Russie, 1917-1997, 224 p., 19.50 €..
**G. Duménil** et **D. Lévy**, Au-delà du capitalisme ?, 128 p15 €..
**Cl. Leneveu** et **M. Vakaloulis** (dir.), Faire mouvement, Décembre 95, 250 p 21 €..
**J. Texier**, Révolution et démocratie chez Marx et Engels, 396 p., 22.50 €..
**L. Althusser**, Solitude de Machiavel et autres textes, présentation par Y. Sintomer, 328 p., 15€..
**Y. Moulier Boutang**, De l'esclavage au salariat, 768 p., 25.50 €..
**D. Losurdo**, Heidegger et l'idéologie de la guerre, 240 p., 15 €..
**G. Achcar** (dir.), Le marxisme d'Ernest Mandel, 239 p.,19.50 €..
**I. Johsua**, La crise de 1929, 300 p., 23 €..
**J. Bidet**, Théorie générale, Théorie du droit, de l'économie et de la politique, 512 p., 23 €..
**G. Achcar**, La nouvelle guerre froide, Le monde après le Kosovo. 112 p., 15 €..
**B. Drewski** (dir), Octobre 1917, 450 p., 19.50 €..
**J. Bidet**, Que faire du *Capital* ? Philosophie, économie et politique dans *Le Capital* de Marx, 23 €..
**G. Bois**, La grande dépression médiévale : XIV° et XV° siècle, Le précédent d'une crise systémique, 220 p., 18 €..
**Fr. Laruelle**, Introduction au non-marxisme, 160 p., 18 €..
**G. Duménil** et **D. Lévy**, Crise, Sortie de crise et menaces de crise, 280 p., 19.50 €..
**M. Vakaloulis**, Le capitalisme post-moderne, 250 p., 19.50 €..
**M. Vakaloulis** (dir), Travail salarié et conflit social, 320 p.,19.50 €..
**G. Duménil, D. Lévy** (dir), Le triangle infernal : crise, mondialisation, financiarisation, 320 p., 19.50 €..
**J-M Lachaud** (dir), Art, culture, politique, 180 p., 19.50 €..
**E. Kouvélakis** (dir), Marx 2000, 180 p., 18 €..
**M. Chemillier-Gendreau et Y. Moulier Boutang** (dir), Le droit dans la mondialisation, 220 p., 15 €..
**J. Bidet** et **E. Kouvélakis** (dir.), Dictionnaire Marx contemporain, 600 p., 26 €..
**E. Balibar, G. Raulet** (dir.), Marx Démocrate, Le manuscrit de 1843, 129 p., 15 €..
**Jean-Louis Lacascade**, Les métamorphoses du jeune Marx, 1841-1848. 320p., 23 €..

**Sous presse** ***(parution sept-oct. 02)*** :
**Samir Amin**, Critique du capitalisme sénile : pour un XXI° siècle non américain
**Jacques Derrida**, Marx & Sons
**Isaac Johsua**, Le grand tournant, une interrogation sur l'avenir du capital
**Jean Lojkine** (dir.), Les sociologies critique du capitalisme
**Michaël Löwy, Jean-Marie Harribey** (dir.), Capital contre nature
**Michel Vakaloulis et Pierre Cours-Salies** (dir.), Mobilisations sociales. Une controverse sociologique

**Prévu en 2003 :**
**Eustache Kouvélakis,** *Révolution et philosophie de Kant à Marx*
**Maurice Andreu**, *L'Internationale Communiste contre le capital, 1919-1924*, 320 p.

Achevé d'imprimer chez SoBook le 16-07-2020

Linselles - France

N° impression : 637 982